성경과 사랑에 빠져라

성경과 사랑에 빠져라

Falling in Love with the Bible

마이크 맥킨토시 지음
서진희 • 전병호 역

베드로서원

Falling in Love with the Bible

성경과 사랑에 빠져라

초판 1쇄 발행일 2006년 6월 30일

저 자 - 마이크 맥킨토시
발행처 - 베드로서원
발행인 - 한 용 석
주 간 - 한 순 진

등록번호 : 제14-66호 · 등록일자 : 1988. 6. 3
서울시 영등포구 양평동4가 281 삼부르네상스한강 1307호
Tel. 02)333-7316 Fax. 333-7317
www.petershouse.co.kr
peter050@kornet.net

피터스하우스는 기독교문화 창달을 위해 좋은 책 만들기에 힘쓰고 있습니다.
*파본 및 잘못된 책은 바꾸어 드립니다.

ISBN 89-7419-216-0

생명의 축제 한국재단

값 10,000원

미주사역

PETER' S HOUSE (원장 한순진)
49 Candlewood Way, Buena Park, CA 90621
☎ (562)483-1711, Cell. (714)350-4211
E-mail : petershouse@dxnet.com

이 책은 당신이 성경을 더 깊이 사랑하도록 해주는 책이다.
성경과 관련된 이야기들로 엮어져 있는 이 책은
당신을 성경을 향한 "사랑의 열병"에 걸리게 만들 것이며,
더 나아가 "하나님과 사랑에 빠지도록" 해 줄 것이다.

-폴 시더(Paul Cedar)-

CONTENTS

바.치.는. 글.

이 책을 척 스미스(Chuck Smith) 목사님에게 바친다. 나는 1960년대에 신의 존재를 찾아보려고 그 시대를 휩쓸고 지나간 신비주의, 동방종교, 철학 등을 좇아다니며 방황하다가 스물여섯 살이 되어서야 크리스천이 되었다. 나는 마귀에게 속아 이리저리 끌려 다니느라 내 젊음을 다 허비했다. 그러다가 나는 성경공부를 하게 되었고 진리를 알게 되었다. 하나님께 나의 인생을 헌신하고 난 후 나는 하나님께 기도했다.

"주님, 나에게 신비주의에 빠지게 하거나 조직에 가입시키려는 사람이 아니라 성경을 가르쳐 줄 수 있는 사람을 보내주십시오."

그로부터 몇 주 지나지 않아 나는 척 목사님이 인도하는 모든 성경공부에 참석하게 되었다. 척 목사님은 나의 기도에 대한 하나님의 응답이었다. 척 목사님은 항상 내가 주님을 바라보도록 해주었고, 하나님을 의지함으로써 자립적인 사람이 되도록 해주었다. 나는 성경을 사랑하도록 해준 그의 가르침에 말할 수 없이 감사할 뿐이다.

예수님은 "제자가 그 선생보다, 또는 종이 그 상전보다 높지 못하나니"라고 말씀하셨다. 훌륭한 스승답게 척 목사님은 내가 그의 제자가 아니라 예수님의 제자가 되도록 가르쳐주었고 성경을 온전히 믿고 성경의 가르침대로 살라고 가르쳤다.

나는 주님께서 나에게 그런 겸손한 영적인 스승을 보내주신 것에 너무나 감사한다. 척 목사님은 내가 항상 하나님을 바라보도록 했기 때문에 나는 어떤 상황을 만나도 결코 낙담하지 않았다.

추천의 글

기적을 대비하라!

작가 로버트 젠드(Robert Zend)는 "지구상의 모든 사람들에게는 한 가지 공통점이 있다. 그들은 서로 다르다는 것이다"라고 말했다. 이 세상에는 한 사람도 같은 사람이 없다. 그것은 명백한 사실이다. 그렇지만 사람들에게는 인생의 목적과 의미를 추구한다는 공통점이 있다. 우리는 수천 년 동안 철학자들을 고뇌하게 했던 "나는 왜 이 세상에 존재하는가? 나는 존재한다. 그러나 왜 나는 존재하는가?"라는 질문에 대한 답을 알기를 원한다.

나는 오십년 이상의 사역에서 청년, 노인, 부자, 가난한자 할 것 없이 수천 명의 사람들에게 설교를 했다. 내가 그들에게 자주 듣는 질문은 "성공할 수 있는 비결이 무엇입니까?", "어떻게 하면 사역을 효과적으로 할 수 있나요?"라는 질문들이었다. 나의 대답은 항상 똑같다. "달리 비결은 없습니다. 만약 당신의 삶이 풍성해지고 의미 있는 삶이 되기를 원한다면 하나님과 친밀한 교제를 나누십시오. 하나님은 당신과 의미 있는 관계를 맺기를 원하십니다. 하나님과 의미 있는 관계를 맺을 수 있는 가장 좋은 방법은 하나님을 아는 것입니다. 그리고 하나님을 알 수 있는 유일한 길은 하나님이 자신에 대해 성경에 계시한 것들을 읽는 것입니다. 마음을 열고 성경을 읽으십시오. 그리고 성경이 친히 당신에게 말하도록 하십시오."

우주를 창조하신 하나님이 당신을 사랑하고 당신의 존재목적이 무엇인지를 당신에게 알려주고 싶어 한다는 말은 믿기 어려운 말이다. 그러나 그것은 사실이다. 그래서 내가 당신에게 성경을 주의 깊게 읽으라고 하는 것이다. 마이크 맥킨토시 역시 성경을 새로운 눈으로 보고 그 말씀 하나하나가 얼마나 당신의 가슴을 고동치게 하는지 느껴보라고 말한다.

마이크는 우리가 성경과 사랑에 빠질 때 성경의 저자이신 하나님과 사랑에 빠질 수밖에 없다고 확신하고 있다. 이런 일이 일어나면 우리는 우리의 존재목적을 발견할 수 있는 길을 제대로 찾은 것이다.

마이크가 하나님 말씀의 능력을 말로만 운운하는 것은 아니다. 그는 성경이 어떻게 한 사람의 인생을 바꿀 수 있는지를 보여주는 살아있는 실례이다. 내가 마이크를 처음 만났을 때 그는 이십대 초반의 나이였다. 그는 여기저기를 두드려보며 인생의 의미를 간절하게 찾고 있었지만, 그의 방황은 오히려 그를 더 혼란스럽고 절망하게 했다. 그가 처음으로 갈보리교회에 왔을 때 그는 하나님의 말씀에 목말라 있었다. 그는 성경공부에 한 번도 빠지지 않았고 하나님의 말씀을 먹고 마셨다. 그는 하나님의 진리를 찾았고 예수 그리스도를 믿게 되었다. 우리는 주님이 그를 변화시켜가는 모습과 그의 삶을 통해 역사하시는 하나님의 은혜와 기적을 지켜보았다. 하나님은 마이크를 혼란에 빠진 청년으로부터 온 세계를 변화시키는 예수 그리스도의 역동적인 사역에 흠뻑 젖은 청년으로 변화시켰다.

하나님은 마이크에게 행하셨던 그 놀라운 일들을 당신에게도 행하기를 원하신다. 하나님은 당신의 인생에 크고 작은 변화를 이루실 수 있다. 당신이 인생 여정의 어느 시점에 와 있든지 마이크는 이 책을 통해 당신에게 끊임없는 격려를 줄 것이며, 올바른 방향으로 인도해 줄 것이다. 펼쳐진 길을 눈앞에 두고 당신에게 힘이 필요할 때, 또는 당신을 위한 하나님의 장래 계획을 명확하게 알고 싶을 때, 이 책은 당신이 인생 여정을 힘차게 떠날 수 있도록 통찰력과 힘을 줄 것이다. '성경과 사랑에 빠져라(Falling in Love With the Bible)' 는 하나님의 말씀을 깊이 파도록 당신에게 마음의 동기를 불어넣어 줄 것이다. 당신이 성경을 깊이 파헤칠 때 당신은 삶을 변화시키는 기적이 일어날 것을 단단히 대비해야 할 것이다.

코스타 메사, 캘리포니아
척 스미스(Chuck Smith)

프. 롤. 로. 그.

사랑에 빠졌던 순간

1966년이었다. 비틀즈, 히피족의 플라워 파워, 미니스커트, 포드사의 무스탕, 베트남전쟁, 시민권운동(소수민족운동), 군대 반대운동 등이 미국의 젊은이들을 대표하는 우상으로 자리잡아가고 있었다. 잦은 항의시위, 마약복용… 등 전통은 크게 위협을 받고 있었다. 이러한 문화적 격변기 속에서 나는 변화무쌍한 남부 캘리포니아에서 살게 되었다.

남부 캘리포니아의 햇빛은 너무도 아름답고 찬란해서 49개 다른 주로 수출해서 이윤을 남겨도 될 정도였다. 나는 구름이 끼거나 부슬비가 내리는 날이 많은 오리건 주의 포틀랜드에서 태어나 21년 동안 자랐기 때문에 1월과 2월에는 뉴포트 해변에서 서핑을 하고 선탠을 즐겼다.

북서부의 침울한 분위기와는 달리 나는 앞으로 펼쳐질 멋진 인생에 대한 기대에 부풀어 있었다. 고등학교를 졸업하고 더 이상 집에서 부모님과 함께 살 필요가 없어진 젊은 청년들은 배터리가 완전히 충전되어 세상을 경험할 준비가 되어 있는 상태였다. 우리는 방향을 알지 못한 채 어디론가 질주해가는 자유를 풍미하는 세대였다. 그 당시 젊은이들에게는 아주 신나는 시기였다. 왜냐하면 우리만 변하고 있었던 것이 아니라 문화와 사회 전체가 아주 급속히 변화하고 있었기 때문이었다. 이런 변화 속에서 우리는 새로운 시대가 동트고 있으며, 젊은이들이 선구자가 되어 새로운 시대의 막을 열게 될 것이라는 내용의 노래와 연설을 들었다. 미국은 더 이상 초등학교 입학 때부터 대학 졸업 때까지 우리가 배웠던 그런 미국이 아니었다.

내 마음에 그때 그 시절이 생생하게 떠오른다. 사람들이 해변을 향해 타고 오던 그 높은 파도들과 반짝이며 반사되던 햇빛… 그러한 기억들이 내 마음에 또렷하게 떠오르는 이유는 1966년의 화창한 봄날의 광경이 멋진 로맨스의 배경이 되어주었기 때문이다. 그 때가 바로 내가 샌디라는 멋진 여성과 사랑에 빠졌을 때였다.

어느 날, 나는 대학 친구인 여자와 데이트 약속이 있어 차를 가지고 그녀의 아파트로 갔을 때, 거기서 우리는 처음으로 잠깐 대면을 했다. 며칠 후 나는 그녀의 생일파티에 손님으로 초대를 받았다. 한 달이 못되어 그녀와 나는 결혼서약을 하기 위해 네바다 주의 라스베가스 법정에 섰다.

"세상에! 빠르기도 해라!"라고 당신은 말할 것이다. 그것은 정말 빠르면서도 낭만적이었다.

나는 첫눈에 그녀가 내 사람이라는 것을 알 수 있었다. 그녀 또한 나를 사랑하게 되었다. 그 모든 일들이 순식간에 일어났다. 정말 눈 깜짝할 사이였다. 그리고 우리는 2년 후에 이혼을 했고, 2년 반 후에 우리는 다시 재결합하여 지금까지 잘 살고 있다. 내가 말하려고 하는 것은 나는 원하는 것이 있으면 거기에 온 마음을 다 쏟는다는 것이다.

내 인생에 또 다른 로맨스가 있다. 동일한 열정과 열렬함을 내 마음에 불러일으켰던 로맨스가. 나는 성경과 사랑에 빠졌다. 나는 그것이 좋은 것임을 알고 있었고, 또 나를 영적인 사람으로 성장시켜 줄 것을 알고 있었다. 성경에 대한 나의 목마름은 나의 결혼생활이 파경을 맞이하면서 절망의 언저리에서 시작되었다. 60년대에 새로운 자유를 만끽했던 수백만 명의 젊은이들이 그랬던 것처럼 나는 시대의 죄악에 빠져 살고 있었고, 그것은 내 인생에 수많은 문제들을 불러일으켰다.

하나님은 성령의 능력으로 나의 인생과 결혼을 다시 회복시켜 주셨다. 나는 하나님을 만난 이후로 다른 종교를 경계했기 때문에 더 이상 신비주의를 찾지 않았다. 나는 하나님이 나의 필요를 아신다는 것을 확신했고, 성경이 매우 흥미로운 책이며 또 나에게 도전을 주는 책이라는 것을 확신하게 되었다. 무엇보다 하나님은 항상 적절한 때 나에게 가장 필요한 말씀을 주셨다. 차분히 자리에 앉아서 성경을 읽고 있으면 내 마음에 평화와 천국이 임하는 것을 느낄 수 있었다.

그날은 남부 캘리포니아의 여름 중에서도 그림엽서에나 볼 수 있을 것 같은 아름다운 경치였다. 나는 헌팅턴 비치에서 의자에 앉아 있었다. 당시에 내 친구는 퍼시픽 코스트 하이웨이에서 윈드 앤 시 서프보드라는 가게를 운영하고 있었다.

불타는 태양과 파도타기가 온통 주변에 둘러싸여 있었지만 나는 헌팅턴 피어의 파도타기를 하는 사람들, 복잡한 교통, 그리고 선탠 로숀과 비키니를 사려고 가게에 들어오는 젊은 여자들에 대해서는 완전히 잊어버린 채 거룩한 성경말씀에 완전히 몰입되어 있었다. 나는 누가복음을 읽고 있었다. 말씀 한 구절 한 구절이 나의 마음을 비춰주었다. 그 말씀들은 나에게 충격이었으며 나를 완전히 압도했다.

나는 누가복음 앞부분을 읽으면서 '이제야 크리스마스에 관한 이야기를 읽었군. 크리스마스에 얽힌 진짜 이야기들 말이야' 라고 생각했다. 나는 정말 믿을 수가 없었다. 이 세상에서 가장 널리 알려진 유명한 이야기가 거기에 있었다는 것을. 그리고 그것은 청소년 시절과 청년기 사이 영적인 방황의 큰 갭을 메워주었다. 하나님이 인류에게 주신 이 거룩한 책에는 크리스마스 장식품, 크리스마스트리, 크리스마스트리 밑에 놓인 선물들에 대해서는 아무 말도 없었다. 산타클로스나 날아다니는 사슴들에 대한 이야기도 없었다. 크리스마스 장식용 작은 나뭇가지들, 장식용 라이트, 눈사람에 관한 말도 없었다. 성경의 크리스마스 이야기에는 내가 과거에 알고 있었던 것과는 전혀 다른 것들이 나와 있었다. 그것은 마리아라는 유대인 소녀에게서 태어난 남자아이의 탄생에 관한 이야기였다. 그 때는 한밤중이었고 요셉과 마리아는 아이를 낳을 수 있는 방을 구하려고 했지만 방을 구할 수가 없었다. 그래서 그들은 마구간에서 아기를 낳았다. 이런 사실들이 나에게는 새로웠다!

내가 그 당시에 느꼈던 것은, 어떤 것을 어느 순간 갑자기 깨닫게 되면 마치 머릿속에 전구가 반짝하고 켜지는 것 같은 느낌이라는 것. 당신도 그런 경험을 해 본 적이 있을 것이다. 그 순간 놀랍게도 우리의 마음은 갑자기 새로운 진리를 깨닫거나 통찰하게 된다. 슈퍼볼에서 카메라가 플래시를 터트리는 것처럼 나의 머릿속에 전구가 켜졌다고 말하는 것이 가장 적절할 것 같다.

나는 그 이야기를 읽고 또 읽으면서 한마디 한마디가 절대적인 진리라는 것을 본능적으로 깨달았다. 그것은 주일학교에서 착한 어린이들이 되라고 아이들에게 들려주는 재미있는 이야기들이 아니었다. 그것은 삶을 변화시키는 진리였다. 그날부터 나는 성경을 읽는 것에 완전히 매료되었다. 나는 아내 샌디와 사랑에 빠졌던 것처럼 성경과 사랑에 빠졌다. 비틀즈의 "당신은 개혁을 원한다고 말하고 있군요(You say you want a revolution)"라는 노래가사처럼 나는 내 마음, 영혼, 정신의 개혁을 경험하고 있었다.

나의 삶은 몇 달 간 매일 성경을 읽으면서 급속히 변화되었고, 샌디는 나의 변화를 볼 수 있었다. 그녀 또한 주님께 마음을 드렸고, 우리는 이혼한 지 2년이 조금 지났을 때 다시 결혼을 했다. 34년(두 번째 결혼 이 후)이 지난 지금 우리는 5명의 자녀들과 15명의 손자들을 두고 있고 지금도 행복하게 살고 있다. 우리는 지금도 서로를 사랑한다. 우리는 지금 함께 멋진 삶을 살고 있다. 왜냐하면 하나님을 향한 우리의 사랑과 하나님의 말씀이 우리의 삶을 인도해주고 있기 때문이다.

나는 이 책의 시작부분에서 당신에게 말해주고 싶은 것이 있다. 그것은 만약 당신이 풍성하고 의미 있고 위대한 인생을 살고 싶다면 성경에 푹 빠지라는 것이다. 나는 당신의 성경 읽기를 위해 지루한 교재들이나 신학이론서들을 추천하고 싶지는 않다. 그 대신 이 책을 추천하고 싶다. 나는 성경에 나와 있는 단순한 진리들과 참된 사랑을 권하고 싶다. 나는 당신에게 딱 맞는 삶의 방식을 권하고 싶다. 그리고 나는 성경이 기록되도록 감동을 주신 모든 피조물의 하나님을 당신에게 권하고 싶다.

만약 당신이 성경과 사랑에 빠진다면 당신의 삶은 완전히 달라질 것이다. 당신의 삶은 무한히 향상될 것이며, 건강해질 것이며, 또 만족을 얻게 될 것이다. 그 이유는 우리가 성경과 사랑에 빠질 때 분명히 하나님과도 사랑에 빠지게 될 것이며 하나님의 약속의 말씀대로 하나님은 하나님을 사랑하고 찾는 자의 삶을 모든 선한 것들로 채워주실 것이기 때문이다. 시편 저자가 "여호와 하나님은 해요 방패시라 여호와께서 은혜와 영화를 주시며 정직히 행하는 자에게 좋은 것을 아끼지 아니하실 것임이니이다"(시 84:11)라고 기록한 것처럼 하나님은 그분의 감동으로 기록된 말씀을 통해 우리에게 직접, 그리고 인격적으로 말하고 싶어 하신다. 그리고 그 말씀은 우리의 삶을 완전히 변화시킬 수 있다.

마이크 맥킨토시(Mike MacIntosh)

성경과 사랑에 빠지면 당신의 인생은 완전히 달라질 것이다.
만약 풍성하고 의미 있고 위대한 인생을 살고 싶다면 성경에 푹 빠져라

1

창조주와의 대화

성경과 사랑에 빠져라.
그러면 당신은 하나님과 사랑에 빠지게 될 것이다.

"나는 성경은 하나님이 인간에게 주신 최고의 선물임을 믿는다."

아브라함 링컨(Abraham Lincoln)

◆◇◆◇◆

나는 왼쪽 뺨에 귀에서부터 턱까지 약 13㎝ 정도의 상처가 있는 어떤 남자와 마주하고 앉아 있었다. 그 상처는 소총의 개머리판에 얻어맞아 패인 상처였다. 그리고 그 상처는 꿰매지도 않았고 아무런 의료처방도 받지 않아서인지 차마 눈뜨고 볼 수 없는 심한 흉터였다. 그러나 그 상처(얼굴의 상처 또는 감정적인 상처)는 이생에서 정말 중요한 것이 무엇인지를 상기시켜 주었다.

때는 1976년이었다. 내가 하나님의 말씀의 능력을 처음으로 알게 된지 6년이 지난 후였다. 나는 버마(미얀마) 정글에서 초가지붕만 있는 땅 바닥에 앉아 그 남자와 얼굴을 마주하고 있었다. 우리 사이에는 작고 낮은 테이블 하나만이 놓여 있었다. 우리가 만난 그곳은 집 전체가 한 개의 방으로 되어 있었고 땅위에 기다란 나무기둥을 세워 그 기둥위에 지은 집이었다.

이 특별한 사람을 만나기 위해 그곳에 사람들이 와 있었다. 그 사람들은 대부분 그의 친척들이었다. 나는 그 남자의 이름이 조나단 찬(Jonathan Chan)이라는 것을 알게 되었다. 조나단은 하나님의 사랑으로 충만한 사람이었다.

우리는 조나단에게 성경을 전달해주기로 약속을 했고, 조나단은 그 약속을 구체적으로 정하기 위해 두주 동안이나 위험한 산들과 정글들을 돌아다녔다. 그는 우리 사역에서 성경을 많이 공급해줄 수만 있다면 수천 권, 아니 수만 권이라도 받을 태세였다. 우리는 조나단이 버마의 국경지대에 있는 사람들에게 성경을 나누어주고 싶어 한다는 말을 들었다. 그러나 그것은 아주 위험한 일이었다. 버마 정부는 성경을 소유하는 것을 법으로 금하고 있었으며, 기독교를 전하거나, 설교하거나, 기독교와 관련된 자료를 배포하다가 발각되면 형사처벌을 받게 되기 때문이다. 이 남자의 얼굴 흉터는 바로 이 때문에 생긴 것이라는 것을 나는 얼마 지나지 않아 알게 되었다.

조나단은 성경을 전하는 설교자였고, 그는 이곳저곳에 다니며 하나님의 사랑을 전하고 있었다. 그는 하나님과 예수님을 공개적으로 전하는 것이 자기 나라에서는 법으로 금지되어 있다는 것을 잘 알고 있었다. 그러나 그는 하나님을 향한 그의 부르심이 이 땅의 법령에 의해 구속받아서는 안 된다고 믿었다. 그는 얼마 지나지 않아 체포되었고, 감옥에 투옥되었다. 그러나 감옥 안에서도 그를 침묵하게 하지 못했다. 하나님의 말씀만이 진정한 자유의 근원이라는 것을 굳게 믿었을 때 그는 도저히 침묵할 수가 없었다. 그는 감옥에서 재소자들에게 성경의 하나님을 전하기 시작했고, 그들 중 많은 이들이 하나님의 구속의 사랑을 깨닫고 예수를 영접했다. 간수들조차도 그가 들려주는 성경 이야기에 귀 기울였고 그들 중에 몇 명은 결신까지 했다.

그로 인해 몇 달 동안 조나단은 교도소 독방 이곳저곳을 전전했고, 이 감옥에서 저 감옥으로 옮기게 되었고, 당국에서는 마지막으로 그에게 한 가지 제안을 했다. 그것은 일종의 거래였다. 만약 그가 기독교 신앙을 공공연히 전하지만 않는다면 감옥에서 풀려날 수 있다는 조건이었다. 그가 지금까지 했던 예수님에 관한 이야기들이 전부 거짓이라고 공개적으로 선포하기만 한다면 그는 완전한 자유의 몸이 될 수 있다는 것이었다.

어느 날 아침, 당국은 조나단을 그의 고향마을의 광장으로 끌고 갔다. 그리고 그를 단상위에 세운 뒤 주변에 무장한 군인들을 배치했다. 그들은 거기서 그에게 기회를 주었다. 그곳에 모인 사람들 앞에서 성경을 공공연히 비난하고, 예수가 하나님의 아들이라는 것을 부인하며, 성경이 하나님이 친히 기록한 책이 아니고, 진리도 아니며, 다시는 성경을 전파하지 않겠다는 말만하면 풀려날 수 있었다. 거기에는 이웃사람들, 가족들, 친구들이 모여 있었다.

만약 그가 그러한 조건에 동조하기만 하면 그는 가족들의 품으로 돌아갈 수 있고, 정상적인 일상생활로 돌아갈 수 있었다. 이윽고 군인들이 그의 묶은 손을 풀어주었을 때 그는 성경은 진정한 진리의 말씀이며, 성경은 천지를 창조하신 하나님에 관한 놀라운 이야기라고 담대히 선포했다. 그는 하나님이 우리의 죄를 대신하여 예수님을 십자가에 달려 죽게 했다고 선포했다.

조나단은 그 다음 순간 어떤 일이 일어났는지를 나에게 말해주었다. "내가 그 짧은 설교를 마친 그 순간 군인들이 나를 땅바닥으로 내동댕이친 후 소총의 개머리판으로 나를 내리쳤습니다."

그곳에 모인 사람들이 무자비한 폭력 앞에서 충격을 받고 어찌할 바를 몰라 서있을 때 군인장교가 그 자리에 있는 모든 사람들에게 당장 이 자리를 떠나라고 위협을 했다. 조나단은 사지가 부러져 젖은 땅에 꼼짝도 하지 않고 쓰러져 있었다. 당국은 조나단과 거래하는 것을 포기하고 그를 죽게 내버려두고 그 장소를 떠났다.

조나단과의 만남 이후 나의 인생에 큰 영향을 주게 될 거라는 것을 나는 그 당시 잘 알지 못했다. 물론 척 스미스 목사님이 성경의 중요성을 나의 마음에 서서히 각인시켜주었다는 것에는 의심의 여지가 없었다. 그러나 조나단은 나에게 성경에 대한 헌신과 희생을 가르쳐 주었다. 그는 참으로 성경을 사랑했다. 그와의 만남 이후 나는 신앙과 인생에 대한 새로운 관점을 가지고 정글을 뒤로 한 채 샌디에고의 복잡한 거리로 다시 돌아왔다. 나는 남은 일생동안 미국에서 가장 아름다운 도시의 시민들에게 성경을 읽도록 권하며 성경 한 장 한 장에서 하나님의 위대하심을 발견하도록 해주려고 노력하면서 지냈다.

조나단의 이야기는 30여년이 지난 지금도 내 영혼 속에 깊이 각인되어 있다. 비록 지난 수년 동안 나는 세계 여러 나라에서 수천 명의 크리스천들을 만났지만 그의 이야기는 나의 마음에 뚜렷하게 남아 있다. 그 독특한 남자에게는 배울 수 있는 매우 특별한 것이 있다.

이 겸손한 믿음의 사람은 진리를 위해 고난당하고, 감옥에 갇히며, 매 맞고. 그리고 죽는 것까지도 기꺼이 참아내려 했던 것이다.

그 진리는 하나님이 말씀을 통해 자신을 분명하게 드러낸다는 것이다. 성경은 단지 종이와 잉크를 사용하여 기록한 것을 한데 묶은 것이 아니다. 그것은 능력이며, 힘이고, 진리이다. 성경은 그 자체가 생명력을 가지고 있다. 성경의 진리들이 읽는 자에게 살아있는 현실로 다가올 때 성경의 힘은 가장 완고한 불신의 마음도 바꾼다.

성경에는 지난 수세기 동안 탈고되고 출판된 많은 다른 책들에 비해 훨씬 우위에 있을 수밖에 없는 초자연적인 요소가 있다. 히브리서 저자는 "그러므로 우리에게 큰 대제사장이 있으니 승천하신 자 곧 하나님 아들 예수시라 우리가 믿는 도리를 굳게 잡을지어다"(히 4:14)라고 말했다. 우리는 재미있고, 통찰력을 주거나 도움을 주는 다른 책들을 읽을 수도 있다. 그러나 성경만이 성령의 감동으로 기록된 책이며, 생명을 주는 책이고, 우리에게 기쁨을 주는 하늘이 준 계시의 책이다. 바로 그런 이유 때문에 사람들은 성경을 위해 헌신하며 위험한 상황을 무릅쓰면서 가르치고 전한다. 성경에는 우리의 이 땅에서의 삶을 변화시키는 힘이 있으며, 또한 우리의 영원한 목적지를 바꾸는 힘이 있다.

하나님의 나타내심

그리스도를 믿는 믿음은 어떻게 보면 아주 비밀스럽고 이해하기 어려운 것으로 보일 수도 있다. 많은 사람들에게 하나님은 "너무나 거리가 먼" 어떤 존재로 느껴질 수도 있다. 하나님은 누구인가? 하나님은 어디에서 왔는가? 어떻게 우리가 "저 높은 곳"에 계시는 절대적인 존재를 알 수 있단 말인가? 우리가 하나님을 알면서 만져볼 수 없다면 하나님이 우리와 정말 함께 하시는지 어떻게 우리가 알 수 있단 말인가?

나는 내 인생의 대부분을 이러한 문제들과 씨름하면서 보냈다. 나는 아주 어린 시절부터 하나님에 관해 궁금해 하기 시작했다. 나는 네 살 때 들었던 성경 이야기들을 기억한다. 그 성경 이야기들은 나의 어린 마음에 삶과 믿음에 대한 문제들에 대해 궁금증을 불러일으켰다. 나는 아침이면 침실 창문 밖을 내다보았고, 포틀랜드의 구름 사이로 햇빛이 뚫고 나오는 것을 보면서 그 한 줄기 빛이 천사들이 이 땅으로 내려오는 계단일 것이라고 생각했다.

청소년 시절 과학수업 시간에 미생물들을 현미경으로 관찰하면서 나는 누가 분명 이 모든 것들을 만들었겠지라고 생각했다. 나는 빅뱅(Big-Bang)과 같은 순간적인 폭발로 이 모든 피조물들과 생명체계들이 존재하는 세상이 만들어졌다고 믿을 수가 없었다. 나는 집에서 우주와 성운, 소우주들에 대한 다큐멘터리 방송을 보았다. 나는 하나님이 저 먼 곳에 계시면서 이 모든 행성들이 다 자기 자리를 지키며 돌아가도록 붙들고 있는 것은 아닐까 하는 생각을 했다.

물론, 어린아이들만 창조와 창조주에 관한 놀라운 신비에 대해 깊이 생각하는 것은 아니다. 모든 연령대의 사람들이 교육의 정도와 무관하게, 학자들이건 평범한 사람들이건 신의 존재를 알고 싶어 했다. 절대적인 신과 "신들"에 관한 인류의 관심은 수천 년 전의 신화와 고대 자료들에서 실제로 찾아볼 수 있다.

그중에는 피조세계와 그 피조물들의 존재목적을 분명하게 이해하도록 해줌과 동시에 하나님의 존재를 분명하게 알도록 해주는 고대의 주요 문헌이 하나가 있다. 그 문헌은 바로 거룩한 성경이다. 성경을 읽으면 읽을수록 당신은 자신에 대해, 당신이 현재 살고 있는 이 세상에 대해, 그리고 당신과 이 세상을 만드신 분에 대해 더 깊이 이해하게 된다.

사도 바울은 1세기에 그를 따르던 젊은 제자에게 다음과 같은 내용의 서신을 썼다.

"크도다 경건의 비밀이여, 그렇지 않다 하는 이 없도다 그는 육신으로 나타난바 되시고 영으로 의롭다 하심을 입으시고 천사들에게 보이시고 만국에서 전파되시고 세상에서 믿은바 되시고 영광 가운데서 올리우셨음이니라"(딤전 3:16, KJV)

그는 이것을 아주 간단하게 기록했다. 그렇지 않은가? 신앙심은 신비에 가깝다. 인류는 절망 속에서 하나님에 관한 진리를 알기 위해 수만 가지의 종교들을 만들어내었고, 또 영과 관련된 수련을 했다. 여기서부터 내 말에 귀를 기울여보라. 당신은 조금만 알아보면 시대를 초월한 세계 베스트셀러인 이 책을 쉽게 이해할 수 있다. 각 시대마다 사람들은 성경의 하나님에 대한 기념비, 사원들, 성지들을 만들었다. 하나님은 우리에게 그런 것들을 요구하지 않으신다. 또한 각 시대마다 사람들은 기독교 학교들을 세우고, 많은 이단들, 종파들, 종교들, 교파들, 신조들을 위한 훈련센터들을 만들었다.

때로는 이 모든 기관들과 의례들이 성경 읽기를 우리에게 더 친밀하게 느낄 수 있도록 해주었던 것도 사실이다. 예를 들면, 세계 각국의 사람들은 로마에서 열리는 크리스마스이브 심야미사에 대한 TV 중계를 본다. 그 크리스마스 기념미사는 전통과 의식으로 가득하다. 나도 TV를 통해 이 행사를 본 적이 있는데, 그 행사를 보면서 나는 오히려 그 교회가 사람들에게 두려운 마음을 심어 교회에 오기 싫어지게 만드는 것 같다는 생각이 들었다. 내가 말하려는 것은 그 성당에서 행하는 미사는 너무 위압감을 준다는 것이다. 촛불들, 향, 기도문을 낭독하는 소리, 라틴말들은 보통 사람에게는 위압감을 줄 수 있다. 도대체 당신과 나 같은 사람은 그 거룩한 성경을 알아듣기나 하겠는가? 그래도 모든 사역자들은 대학을 다녔고, 대학원과 신학교를 마친 사람들이다. 그들은 그리스어와 히브리어를 공부했다. 결국 배운 사람들, 지혜로운 사람들이나 성경에 관해 말하는 것 아닌가!

이렇게 교회는 자칫하면 성경을 특정한 사람들만 읽을 수 있는 두렵고 거룩한 책으로 보이게 만들 수 있다. 그것은 생각만 해도 슬픈 일이다. 성경은 나이를 먹은 사람들이나 분석하는 지나간 과거의 역사 이야기들을 담고 있는 책이 아니다. 성경은 모든 사람들이 즐겨 읽을 수 있으며, 또 뭔가를 배울 수 있는 책이다. 구약의 선지자 다니엘은 하나님에 대해 다음과 같이 말했다. "그는 깊고 은밀한 일을 나타내시고 어두운데 있는 것을 아시며 또 빛이 그와 함께 있도다 … 오직 은밀한 것을 나타내실 자는 하늘에 계신 하나님이시라"(단 2:22, 28) 우리는 때로 신앙의 복잡성과 불가사의를 명확하게 알아보려고 여러 가지 방법으로 애쓴다. 그러나 주님은 우리가 영적으로 성장하고 창성하는데 필요한 모든 것들을 이미 다 보여주셨다.

"모든 성경은 하나님의 감동으로 된 것으로 교훈과 책망과 바르게 함과 의로 교육하기에 유익하니 이는 하나님의 사람으로 온전케 하며 모든 선한 일을 행하기에 온전케 하려 함이니라"(딤후 3:16~17)

하나님은 우리에게 의의 길로 가도록 가르침을 주고, 잘못된 것들을 바로잡아주며, 방향을 잡아주도록 구약과 신약의 저자들에게 영감을 주셔서 성경의 목적을 드러내게 하셨다.

말씀 속에서 만나는 하나님

저명한 신학자 A. W. 토저(Tozer)는 "하나님은 침묵하지 않는다. 하나님은 우리를 향해 말하고 싶어 하신다. '말씀'은 삼위일체 중 2위이다. 성경은 하나님의 변개치 않는 말씀의 결과물이다. 성경은 하나님의 마음을 온전하게 선포한 것이다"라고 말했다.

하나님은 말씀을 통해 우리에게 말씀하시고 자신을 나타내신다. 하나님은 그의 성품, 기질, 열망, 계획에 대해 언급하신다. 하나님은 그의 배역과 "역사"에 대해 우리가 들여다 볼 수 있도록 해주신다. 하나님은 무한한 정보를 아주 간단하고 짧게 우리에게 전달해주시며, 그렇게 함으로써 우리에게 하나님을 알도록 해주신다. 우리는 성경책을 무미건조한 필서나 역사 교재가 아니라 하나님 아버지와 긴밀한 관계를 맺을 수 있는 길로 생각해야 한다. 하나님은 우리가 하나님을 친밀하게 알 수 있도록 성경 저자들에게 감동을 주셔서 성경이 기록되도록 하셨고, 그 기록된 성경을 우리에게 주셨다.

시카고 트리뷴의 사설 기고가인 존 카스(John Kass)는 그가 만난 적이 있는 보우치(Bouch)라는 이름의 웨이터에 관한 글을 썼다. 보우치는 시카고의 한 바에서 일하고 있었다. 어느 날, 보우치는 그의 본국인 모로코의 왕에게 편지를 쓰기로 결심했다. 모하메드 6세는 백성들에게 아주 인기가 있었는데 그 이유는 그가 자기의 생각을 일반에게 공개하고, 정치범들을 풀어주고, 가난한 자들과 장애자들을 돕기 때문이었다. 왕은 보우치가 보낸 편지를 받고 답장을 해주었다.

보우치는 "이 편지들 좀 보세요. 이 편지들이 전부 왕한테서 받은 거예요. 언젠가 내가 왕을 만날 수만 있다면 얼마나 좋겠어요"라고 카스에게 말했다.

카스는 "시카고의 이 바에서 맥주를 마시고 버거를 시켜먹는 사람들 중에 왕과 편지를 주고받은 사람이 과연 몇 명이나 되겠는가?"라는 생각이 들었다고 그의 사설에 싣고 있다.

카스는 아주 흥미진진해졌다. 그래서 그는 시카고에 있는 모로코 부영사에게 찾아가서 보우치에 관해 말했다. 그러자 부영사는 카스에게 모로코 왕이 자신의 정치 소신을 담은 편지를 외국에 있는 일반 개인에게 보내는 것은 결코 이례적인 일이 아니라는 말을 들었다.

"그건 정말 흔한 일이에요. 왕은 자신의 소신을 일반백성들과 나누는 것을 좋아하지요."[1]

우리는 일국의 왕이 평범한 사람과 서신을 주고받는다는 말을 들으면 대단하게 생각한다. 그러나 여기에 그것보다 훨씬 놀라운 것이 있다. 왕 중의 왕, 우주의 창조주가 우리와 서신을 주고받기로 하신 것이다. 하나님은 서신들, 이야기들, 시들이 담겨있는 책을 우리에게 주셨다. 진정한 왕이 되시고, 모든 피조물의 하나님이 자신의 생각과 뜻을 당신과 나와 주고받기를 원하신다.

가장 위대한 사랑 이야기

수세기에 걸쳐 많은 사람들에게 성경은 사랑에 관한 책으로 알려져 있다. 성경은 구약시대의 열정적인 사랑이야기도 있고, 색욕적인 이야기들에 대해서도 기록하고 있다. 물론 우리가 살아가고 있는 이 세상은 섹스와 로맨스에 관한 주제들로 가득 차 있다. 성경내용에서도 처음부터 끝까지 이러한 주제들을 찾아볼 수 있다. 그러나 하나님이 의도하는 섹스는 매우 건강한 말로 표현되어 있다.

당신이 성경 읽기를 시작해보라! 당신은 각종 다양한 인생을 살아가고 있는 사람들을, 각종의 다양한 문화 속에 살고 있는 사람들을, 부요하거나 또는 가난한, 즉 재정적인 면에서 서로 다른 형편에서 살아가는 사람들을, 서로 다른 감정의 상태에 있는 사람들에 관한 이야기를 읽게 될 것이다. 성경은 투명하다. 거기에는 강간, 근친상간, 간음 등에 대한 이야기들까지도 나와 있다. 오페라 시즌에 방송의 광고들을 보면 성경 이야기들을 주제로 하는 것들이 대부분이다.

진정한 러브 스토리는 성경 첫 페이지부터 마지막 페이지까지 성경 전체에 퍼져있다. 그것은 마치 군대에서 암호를 해독하는 것처럼 해독을 해야 알 수 있는 것처럼 보인다. 감사한 것은, 당신과 나는 이 놀라운 책에 감추어진 비밀들을 해독하는 암호해독가가 될 필요는 없다.

당신이 성경을 읽을 때 당신은 하나님이 피조물들을 사랑한다는 것을 금방 알 수 있을 것이다. 하나님이 사람들을 사랑하는 것이 너무 분명하게 다가올 것이며, 당신은 하나님이 성경에 나와 있는 사람들, 즉 하나님이 처음 창조하신 사람들로부터 시작하여 계시록에 언급되어 있는 시대의 사람들에 이르기까지 사랑하는 것을 볼 수 있을 것이다. 그렇다. 아담과 하와와 그들의 후손들은 전부 하나님의 놀라운 사랑을 받았다. 그것은 신비에 가깝다. 그러나 하나님의 사랑을 받기 위해서는 하나님이 당신에게 말하고 싶어 하는 모든 것들을 이해하기 위한 노력이 약간 필요하다.

지금 마음을 다음과 같이 정하라. "나는 하나님을 알고 싶다. 그리고 나는 마음을 열고 하나님이 말씀하시는 것을 들을 것이다." 성경은 하나님이 당신을 위해 예비하신 모든 것들을 쉽게 발견할 수 있도록 해주기 위해 쓰여 졌다. 하나님은 당신을 너무너무 사랑하시며, 당신이 하나님을 인격적으로 깊이 알도록 부르신다. 예수 그리스도의 초기 제자 중 한 사람인 사도 요한의 말을 들어보라. 그는 초기 그리스도인들에게 다음과 같은 말을 했다.

"사랑하지 아니하는 자는 하나님을 알지 못하나니 이는 하나님은 사랑이심이라"(요일 4:8)

하나님이 사랑이라는 사실은 우리에게 하나님의 사랑을 받을 수 있는 길을 열어준다. 그리고 하나님의 사랑에 대한 보답으로 우리도 하나님을 사랑하게 될 뿐만 아니라 사람들을 또한 사랑하게 된다.

그것은 모든 사람들이 간절히 바라는 것을 계시해 보여주고 있다. 사랑은 다른 사람 안에 하나님이 있는지 없는지를 알게 해준다. 나는 이 세상에는 사랑의 마음이 없는 "종교적인" 사람들이 정말 많다는 것을 당신도 알고 있으리라고 생각한다. 이러한 사실이 당신이 하나님을 믿는데 걸림돌이 되었을 수도 있다. 그러나 당신의 삶에 하나님의 사랑이 더 많이 임하도록 함께 노력해보자. 그리고 거기에는 당신의 믿음이 요구된다.

예수님은 "너희가 성경에서 영생을 얻는 줄 생각하고 성경을 상고하거니와 이 성경이 곧 내게 대하여 증거하는 것이로다"(요 5:39)라고 말했다. 많은 사람들이 성경을 찾지만 성경에 나와 있는 예수님은 절대로 받아들이지 않는다. 당신과 나는 성경을 읽고 논쟁을 일삼는 사람들이 아니라 성경을 받아들이는 사람들이다.

성경은 어제에 대해 말하고 있지만, 오늘을 위한 것이며, 내일을 위한 길을 보여주고 있다. 성경은 살아있으며 능동적이며 흥미로운 책이다. 성경은 당신을 하나님과의 사랑으로 더 가까이 나아가게 해준다.

오래 전에 아내를 매우 사랑했던 제임스 브레이시(James Bracy)라는 남자는 아내 샐리(Sallie)에게 러브레터를 보내는 습관이 있었다. 그는 1950년대 캘리포니아 군부대로 배치를 받으면서 아내와 수천 마일을 떨어져서 지내야 했다. 제임스가 아내와 연결될 수 있는 길은 편지를 주고받는 것밖에 없었다. 그러던 어느 날 편지가 잘못 배달되었고, 그 편지는 캘리포니아 몬트레이에서 수마일 떨어진 곳에 있는 포드워드 군부대의 어느 우체함 사이의 틈에 끼게 되었다. 젊은 남편이 사랑을 담뿍 담아 키스로 마무리 한 그 편지는 그대로 사라질 위기에 처해있었다.

반세기가 훌쩍 지난 어느 날 제임스 브레이시와 샐리 브레이시는 거실 소파에 앉아 '가끔씩' 이라는 그들이 자주 부르던 노래가 라디오를 통해 흘러나오는 것을 들으며 결혼 50주년을 기념하고 있었다. 샐리는 1950년대의 추억에 젖어 그때 당시 남편으로부터 얼마나 많은 전화와 편지를 받았는지를 생각하고 있었다. 그리고 두 사람은 바로 옆에 있기 때문에 이제는 편지도 전화도 더 이상 하지 않아도 된다는 농담을 주고받았다.

한편, 포드워드 군부대의 낡은 우체국 건물을 철거할 때 건축현장의 인부가 오래 전에 젊은 군인이 보냈던 편지 한 장을 발견하였다. 그 인부는 편지를 몬트레이 근처 우체국에 근무하는 우체부 보브 스파도미(Bob Spadomi)에게 전해주었다. 스파도미는 우체국 기록과 전화번호부를 통해 브레이시를 찾을 수 있었다.

제임스 브레이시와 샐리 브레이시는 자기들이 자주 부르던 노래를 들었던 결혼기념일이 며칠 지난 후에 1955년 1월 28일 소인이 찍혀 있고 샐리 브레이시가 수신인으로 되어 있는 그 편지를 받게 되었다. 그 편지는 그녀의 마음을 로맨스로 젖어들게 했고, 그녀의 눈에는 눈물이 흘렀으며, 그녀는 50여년 전에 사랑의 열정을 다시 한 번 느낄 수 있었다.

샐리는 "이 편지는 당시에도 나에게 큰 의미가 있었겠지만, 지금 이 순간에는 더 큰 의미가 있어요"[2]라고 말했다.

오래 전에 하나님은 우리에게 러브레터를 보내셨다. 어떤 사람들에게는 그 편지가 잊혀졌거나 또 엉뚱한 곳에 떨어져 버렸다. 그러나 그 편지는 수신인에게 잘 전달될 날을 기다리고 있으며, 가장 적절한 때에 봉투를 열고 읽어주기를 기다리고 있다. 하나님이 우리에게 쓴 글을 읽을 때 우리의 마음은 하나님을 향한 사랑과 감사로 가득 차게 될 것이다. 그리고 우리의 삶의 모든 것들은 바뀌게 될 것이다.

성경을 읽으면 읽을수록 당신은 자신에 대해, 당신이 현재 살고 있는 이 세상에 대해, 그리고 당신과 이 세상을 만드신 분에 대해 더 깊이 이해하게 된다.

2

새롭게 발견하는 성경

사람들이 성경을 왜곡되게 생각하는 이유

"대부분의 사람들은 성경말씀이 이해가 잘 안되어서 힘들어한다.
그러나 나는 이해가 되는 성경말씀들 때문에 힘들다."

마크 트웨인(Mark Twain)

◆◇◆◇◆

나는 초등학교에서 고등학교 때까지 할아버지, 할머니들이 즐겨 읽는 책을 읽는 것보다는 야구나 농구를 하는 것이 훨씬 재미있었다. 그들이 읽는 책은 성경이었다. 물론 사춘기인 고등학교 시절에는 여자아이들과 친구들에게 인기 있는 사람이 되는 것이 나의 최대의 관심사였다. 적어도 나는 그랬다.

무엇이 사람들에게 성경에 대해 왜곡된 생각을 하게 할까? 왜 성경을 나이든 사람들이나 읽는 책이라고 생각할까? 왜 젊은이들은 성경을 지루하고 딱딱한 책이라고 생각할까?

켄터키 주의 오랜 이야기가 이러한 불편한 감정에 대해 조금은 이해할 수 있도록 우리를 도와준다. 어느 젊은 사제가 그의 담당 지역 교구에 들어 온지 얼마 안 되는 한 가정을 방문했다. 그 가족들은 그에게 매우 친절했지만 다섯 살 된 딸만은 예외였다. 저녁을 먹는 동안 그 딸은 사제를 미심적은 눈으로 계속 뚫어지게 보고 있었다. 사제는 그 여자아이가 자기에 대해 편하게 느끼도록 해주기 위해 간단하고 솔직한 방법을 사용했다.

사제는 여자아이에게 "나의 목깃이 이상해서 그러니, 그래서 그걸 쳐다보는 거야?"라고 물었다.

그는 사제용 옷에 달려있는 목깃을 빼서 여자아이가 그것을 볼 수 있도록 들어 보여주었다. 그가 목깃을 빼내었을 때 우연히 그 목깃 안쪽에 세탁 시 주의사항이 적혀 있는 것이 보였다. 그래서 그는 "이 목깃에 뭐라고 적혀있는지 아니?"라고 계속 대화를 이어갔다.

소녀는 "예, 알아요" 하면서 "'6개월 동안 이와 벼룩을 잡으시오'라고 적혀있어요"라고 즉시 대답했다.

물론, 어린이들이나 성인들은 둘 다 어느 정도의 의심을 가지고 종교와 신앙 문제를 생각할 때가 많다. 그들은 "제도화된 종교"를 신뢰하지 않을 수도 있다. 그들은 지도자들의 마음의 동기를 의심할 수도 있다. 그들은 신자들 중에 강압적이거나 비판적인 사람들을 피할 수도 있다. 그들은 성경의 권위와 타당성에 의문을 던질 수도 있다. 왜 이런 일이 일어나는가? 그러한 의심이 어디에서 비롯되었는가? 몇 가지 일반적인 원인들을 살펴보자.

어린 시절의 경험들

어린 시절을 돌아보면 대부분 좋은 추억과 나쁜 추억이 이리저리 뒤섞여 있는 것을 볼 수 있다. 우리의 사회가 점점 개인주의가 되면서 결국 우리의 자녀들이 그로 인한 희생물이 되고 있다. 자녀들은 개인주의의 부작용들로 인해 어려움을 겪을 뿐만 아니라 그러한 고통스러운 경험으로 인해 깊은 상처를 받게 된다.

나는 교회지도자나 성도들이 어린아이를 학대하거나 폭행하는 것보다 아이들에게 더 큰 상처와 충격을 주는 것은 없다고 생각한다. 그것은 너무나 사악한 위선과 거짓이다. 그것은 인간을 대상으로 저지르는 가장 악한 행위이다. 그러나 불행히도 이와 비슷한 뉴스가 너무 일상적으로 보도된다.

"화요일 미국의 가톨릭 주교가 성추행에 대해 항소했다. 그러나 캘리포니아 법정에 제출된 새로운 성추행 소송 8백 건의 내용은 가톨릭교회가 2년간 이루어진 성추행을 아직도 숨기고 있다는 점을 지적하고 있다. 이 소송은 미국 내의 모든 교구들로 확산되고 있으며 그 때부터 지금까지 1천명 이상이 미전역의 교구들에서 일어난 성추행에 대한 탄원을 내고 있다. 법정은 가톨릭교회에 엄청난 과징금을 부과하고, 책임자들을 해임시키며, 사건과 직접 관련된 사제들을 소환하는 것으로 판결을 내렸다."[1]

나는 교회지도자들 다수가 깊은 관심으로 성도들을 돌보며 그들의 영적인, 감정적인, 육적인 건강을 향상시키려고 힘쓴다고 믿는다. 그러나 그런 중에서도 함부로 대하는 것, 또는 추행 등과 같은 일이 일어난다. 그것이 우리가 몸담고 살아가고 있는 현실이다.

최근 내 친구 로렌(Lauren)은 그녀가 구원받게 된 이야기를 우리 교회에서 간증했다. 그녀는 교회를 신실하게 다녔던 아름다운 젊은 여성이다. 그녀의 할머니와 할아버지는 크리스천을 사랑하는 매우 경건한 사람들이었다. 그녀의 부모님은 그녀를 주일학교와 청소년부에 데려갔으며, 그녀는 청소년 시절에 미션학교를 다녔다. 그녀는 성경에 나와 있는 약속들에 대해 전혀 모르는 사람이 아니었다.

로렌이 성실하게 교회에 출석하였다는 것과 종교적인 성장배경을 고백한 내용은 청중들에게 가히 충격적이었다. 그녀는 데이트 도중에 강간을 당했고, 그로 인해 그녀가 분노, 절망, 환멸에 빠지게 되었던 모든 과정을 말했다. 그녀는 어떻게 자신에게 그런 일이 일어났는지 도저히 이해할 수가 없었다. 그녀는 항상 올바르게 살려고 노력했고 또 좋은 사람이 되려고 노력했다. 그 후 몇 년 동안 그녀는 자신의 고통과 원통함을 잊으려고 술을 마시기 시작했고, 마약을 하기 시작했으며, 여러 명의 남자친구들과 잠자리를 같이 하기 시작했다. 그녀는 점점 더 절망의 늪에 빠져갔다. 그녀에게 고문은 끝이 없는 것처럼 보였다. 당신이 이와 비슷한 고통을 당해본 적이 있었는지는 알 수 없지만, 그래도 그녀의 마음에 깊은 고뇌가 당신의 마음에도 느껴지지 않는가?

로렌은 아름답고 밝은 크리스천 대학 학생으로서 최선을 다해 살고 있었다. 그녀는 열심히 공부했기 때문에 좋은 성적도 받을 수 있었다. 운동 역시도 그녀가 잘할 수 있는 부분이었다. 그녀에게는 많은 친구들이 있었기 때문에 항상 파티에도 초청을 받았다. 아름다운 외모와 생기 넘치는 성격으로 인해 여대생 클럽의 모든 여자아이들이 부러워하던 그녀였지만 마음 깊은 곳에서는 항상 비참함으로 고통해야 했다.

그러던 중 놀라운 일이 일어났다. 그녀가 자기의 존재의미를 찾고 있던 어느 날 하나님이 그녀를 찾아주신 것이다. 친구가 자기 집에서 매주 갖는 성경공부 모임에 그녀와 친구 열 명 정도를 초청했다. 음악, 배움, 교제가 하나님의 사랑과 함께 풍성하게 이루어졌다. 그곳은 "그녀를 위한 시간"이었으며, "그녀를 위한 장소"였다. 성경말씀이 그녀의 마음에 임했다. 성령이 그녀의 삶의 깊은 상처를 만져주었다. 성령님은 당신에게도 동일한 일을 해주실 수 있다.

로렌의 인생은 완전히 바뀌었고, 그녀는 몇 년 만에 처음으로 내면 깊이 행복을 맛보았다. 나는 그녀가 단 한 번의 경험만으로 완전히 치유를 받았다고 말하는 것은 아니다. 그녀는 지금도 상담가와 신뢰할 만한 친구들의 도움으로 많은 치유를 받고 있다. 무엇보다도 자신의 존재에 대해, 그리고 삶의 목적에 대해 로렌이 분명하게 이해할 수 있도록 도와준 것은 꾸준한 성경공부였다.

당신은 예수님이 제자들에게 하나님이 성령을 통해 매일의 삶 속에서 하나님의 자녀들을 이끌어주실 것이라고 말했던 것을 알고 있을 것이다. "그러하나 진리의 성령이 오시면 그가 너희를 모든 진리 가운데로 인도하시리니 그가 자의로 말하지 않고 오직 듣는 것을 말하시며 장래 일을 너희에게 알리시리라"(요 16:13)

당신은 로렌처럼 그렇게 힘든 일을 겪지는 않았을 수도 있다. 성경을 읽지 못하도록 당신을 방해하는 것은 로렌이 겪었던 것처럼 그렇게 대단한 일은 아닐 수도 있다. 어린아이였을 때 당신이 겪은 사소한 경험이 성경에 마음이 가지 않게 만들 수도 있고, 하나님과 단독으로 만나는 것을 싫어하게 만들 수도 있다. 많은 사람들이 어린 시절의 경험으로 인해 성인이 된 후에도 영적 성장을 방해받고 있는 경우가 많다. 또 어떤 사람들은 교회가 그들에게 상처를 주거나, 아니면 그들을 잘못된 길로 인도했던 것 때문에 성경을 포함해서 종교와 관련된 것이라면 뭐든지 싫다고 하는 경우도 있다.

하나님은 사랑의 하나님이다. 그리고 하나님은 우리를 진리로 인도할 수 있는 기회를 인내하면서 기다리신다. 하나님은 우리가 하나님께 부르짖고 구원을 받을 때까지 "우리의 시간"과 "우리의 때"를 기다리신다.

문화적인, 그리고 사회적인 영향들

어린 시절에 받은 상처보다 더 알아내기 어려운 과거의 다른 어떤 것 때문에 성경에 대해 왜곡된 관점을 가지고 있는 사람들도 있다. 성경에 대한 우리의 첫인상이나 고정관념을 왜곡시키는 것에는 문화적인, 그리고 사회적인 영향도 한 몫 한다. 그것은 특정 국가의 도덕적인 관습과 전통이 성경에 대해 잘못된 생각을 갖게 한다는 의미는 아니다. 나는 하나의 문화가 가진 가치, 도덕, 윤리 등이 한 사람의 사고를 극단적으로 만들 수 있다는 것을 말하고 있는 것이다.

예를 들면, 미디어에 둘러싸여 살고 있는 미국인들의 문화에서 인생에서 가장 우선적으로 추구하는 것은 부, 명예, 권력이다. 그러나 그것은 예수님이 제자들에게 주신 말씀과는 상당히 다르다. "심령이 가난한 자는 복이 있나니. 온유한 자는 복이 있나니. 긍휼히 여기는 자는 복이 있나니"(마 5장을 보라). 미국사회에서는 당신에게 신을 마음대로 고르라고 한다. 그리고 그런 신들은 그다지 서로 다르지 않다. 중요한 것은 당신만의 신들을 택한다는 것이다. 그러나 예수님은 그를 따르는 자들에게 "내가 곧 길이요 진리요 생명이니 나로 말미암지 않고는 아버지께로 올 자가 없느니라"(요 14:6)고 말씀하셨다. 당신은 우리 사회가 추구하는 가치가 성경이 말하는 것과 얼마나 반대인지 볼 수 있을 것이다.

경우에 따라 문화는 소규모의 형태로 생성되기도 한다. 대학생들은 교수들이 교단에서 종교에 대해, 특히 기독교와 성경에 대해 얼마나 심하게 비난하는지를 나에게 말해준다. 학생들이 그런 교수들의 말에 맞서서 신앙 편에서 말을 하다가는 자칫 잘못하면 비웃음거리나 조롱거리가 되기 십상이다. 캠퍼스 문화가 성경을 반대하며 성경의 권위를 인정하지 않는다는 것은 분명하다.

사람들의 종교적 성장배경 또한 성경에 대한 그들의 관점에 지대한 영향을 미친다. 이슬람권의 국가들은 성경에 대한 분명한 관점이 없다. 그 이유는 그들이 코란을 믿고 있기 때문이다. 힌두교 사람들은 성경을 들어봤을 수도 있지만, 그러나 성경이 유대인이나 크리스천이 쓴 책이거나, 유대인이나 크리스천을 위한 책이라고 배웠을 가능성이 많다. 그들은 성경이 그들을 위한 것이라고 생각할 만한 점을 찾기가 어려울 것이다.

이와 유사하게 남한 혹은 북한에 있는 많은 한국인들은 샤머니즘에 큰 영향을 받았다. 그러므로 성령에 대한 명확하지 않은 이미지를 갖고 있다. 그 이유는 아마도 성경에 나와 있는 성령에 대한 믿음이 샤머니즘의 영에 대한 개념과 혼합되어서 그럴 것이다.

제레미 레이놀즈(Jeremy Reynalds)는 '한국교회에서 볼 수 있는 샤머니즘적인 영향'이라는 제목의 사설에서 다음과 같은 점을 지적했다.

"한국 크리스천들은 기독교 신앙을 갖는 것이 물질적으로 잘 살 수 있는 길이라고 보는 경향이 있다. 그러한 특징은 한국과 동북아시아 국가의 사람들이 수세기 동안 믿어온 토속신앙인 샤머니즘의 잔재이다. 무당(샤만)은 영과 교류하면서 사람의 건강이나 사업이 성공하도록 빈다. 자신이 크리스천이라고 생각하는 사람들 중에 많은 사람들이 샤머니즘의 신들과 기독교의 하나님의 특성을 유사하게 받아들인다." [2]

반면에 하나님은 문화적인 왜곡과 신화들을 초월하는 분이라는 것을 우리는 알고 있다. 한국에는 대규모의 활발한 크리스천 공동체가 형성되어 있다. 그 공동체는 성경의 권위와 정확성을 온 마음으로 확신하고 주장하는 사람들로 이루어져있다. 그들은 열정적으로 하나님을 믿는 믿음으로 살고 있으며 예수님께 헌신된 삶을 살고 있다.

내가 가장 흥미롭게 여기는 것은 타문화선교이다. 당신은 하나님이 정확한 성경번역으로 각 나라에 복음을 전하는 일에 오직 본토 사람만 사용하실 것이라고 생각할지도 모른다. 그러나 하나님은 아무리 오지에 위치한 나라와 종족들이라 해도 그들이 하나님의 사랑을 들을 수 있도록 메신저를 보낸다. 하나님은 언어와 문화적 장벽을 깨고 매일 온 지구 전체에 퍼져있는 수백만 백성들에게 메신저를 보낸다. 중앙정보센터도 없고 주된 선교기관도 없는데도 복음 전파가 매일 이루어지고 있다.

나는 복음전파와 선교가 24시간 동안 계속되고 있다고 믿는 이유를 당신에게 말해줄 수 있다. 그것은 성경에 생생하게 묘사되어 있는 하나님의 사랑과 성경에 나타나 있는 하나님을 향한 사람들의 사랑 때문이다. 그렇다. 문화적인 사회적인 문제들이 성경에 대한 우리의 생각을 왜곡시킬 수 있다. 그러나 하나님은 어느 사회보다 크며, 어느 문화보다 크고, 성경에 대한 우리의 생각을 왜곡시키는 그 어떤 세력보다도 크신 분이시다. 하나님은 "태양계에서 태양으로부터 세 번째 위치한 행성"에 살고 있는 모든 사람들과 교제하실 수 있는 분이시다.

미국 인구통계청의 한 부서인 국제프로그램센터에 따르면 이 글을 쓰고 있는 현재 세계 전체 인구는 6,345,266,678명이다. 아마 당신이 이 책을 읽고 있는 시간에도 인구는 몇 백만으로 증가되었을 것이다.[3] 우리가 오늘날 세계 인구를 생각해 볼 때 하나님이 하시는 일은 분명 놀라운 일이다. 어떻게 하나님은 여러 나라에 흩어져 있는 수많은 사람들과 교통할 수 있단 말인가? 성경은 하나님이 각 나라에 진리와 교훈을 주기 위한 수단이다. 그래서 하나님은 하나님의 프로젝트를 실행하기 위해 각양각색의 문화에 속한 사람들을 부르신다.

이 지구상에 측량할 수 없이 수많은 사람들이 살고 있음에도 불구하고 하나님의 사랑은 여전히 각양각색의 언어와 각양각색의 다양한 문화 속에 살고 있는 모든 사람들에게 전파되고 있다.

'하라', 그리고 '하지 말라'

내가 고등학생이었을 때 우리 반에 있는 어떤 아이들은 학교 길 건너편에 있던 침례교회에 다녔다. 그들은 나를 자기들 그룹으로 들어와서 농구팀에 함께 들어가자고 초청했다. 나는 그것이 좋은 생각이라고 생각했다. 왜냐하면 우리 반 아이들 중에 인기 있는 아이들 몇 명이 그 교회에 다니고 있었기 때문이었다.

나는 어렸을 적부터 교회를 다녔고 종교를 알고 있었음에도 불구하고 성경에 대한 반감을 가지고 있었다. 성경에 대한 나의 편견 중에 가장 큰 것은 사람들이 일반적으로 많이 가지고 있는 편견과 같은 것이었다. 혹시 당신도 내가 청소년 시절에 가지고 있었던 것과 같은 그런 편견을 가지고 있는 것은 아닌지 한번 살펴보라. 그 편견은 "성경은 '하라', 그리고 '하지 말라' 라는 말만 적혀 있는 책이다"라는 생각이었다. 이 말이 당신에게 꽤 익숙하게 들리는가?

물론 나는 성경을 실제로 읽어보지도 않았으면서 그런 부정적인 관점을 가지고 있었다. 그러나 나는 감사하게도 개인적인 경험을 통해서 '하라', 그리고 '하지 말라' 는 요구가 진리에서 그다지 멀지 않다는 것을 깨달았다. 사실 성경은 우리에게 어떻게 축복된 삶을 살 수 있는지 그 방법을 가르쳐주는 책이다. 성경은 "아니, 당신은 할 수 없어!"라고 말하는 책이 아니다. 성경은 "그래, 당신은 할 수 있어!"라고 말하는 책도 아니다. 성경은 독자에게 성공적인 영적인 삶에 대한 핵심을 자세하게 가르쳐준다. 성경은 어떻게 행복한 관계를 맺을 수 있고, 어떻게 만족을 누릴 수 있으며, 어떻게 의미 있는 삶을 살 수 있는지를 말해준다.

'하라', 그리고 '하지 말라' 에 대한 잘못된 개념이 세월이 흐르면서 점점 정리가 되고 나에게 분명하게 다가왔다. 성경에 대해 잘못 알고 있는 사람들(청소년 시절의 나를 포함해서)은 성경을 십계명과 동일하게 생각한다. 그리고 그들은 구약의 명령들이 그들에게 재미있는 것들을 하지 못하도록 금지하기 위해 존재한다고 생각한다.

성경을 피하기 위해 이런저런 변명을 늘어놓는 사람들은 일반적으로 성경의 이런 부분만 가지고 말한다. 그리고 그들은 그 부분을 실제로 읽어보지도 않고 그냥 어디에선가 얻어들었을 가능성이 많다.

사실, 킹제임스 번역을 보면 "하지 말라"라는 이 문장들에는 부정의 의미가 담겨있지 않다는 것을 알 수 있다. 그 문장들은 자녀들이 해를 주는 것들과 궁극적으로 그들을 파멸시킬 수 있는 것들을 가까이 하지 말라고 자녀들을 경고하고 배려하는 사랑의 아버지의 말씀들을 담고 있다.

1970년대에 새 집을 사려고 하면서 아내와 나는 우리의 자녀들을 키우고 우리의 사역을 시작할만한 가장 좋은 장소를 찾아보려고 샌디에고 근처를 여섯 달 동안이나 샅샅이 뒤졌다. 우리는 세 가지를 가장 중점적으로 고려했다. 첫째 가격, 둘째 집, 셋째 집의 위치였다. 적절한 가격이란 우리 형편에서 감당할 수 있을 만큼의 월세를 의미했다. 적절한 집이란 크고 떠들썩한 우리 가족들이 거주할 수 있는 곳을 의미했다. 좋은 위치란 직장에서 집까지 40분 이상 걸리지 않기 위해 최소한 샌디에고의 경계를 벗어나지 않는 것을 의미했다. 얼마 후 우리는 이 세 가지 조건에 딱 맞는 집을 찾았다.

그러나 거기에도 결함은 있었다. 방울뱀들이었다. 우리가 살던 지역의 기후는 덥고 건조했다. 우리의 이웃들은 주변 동산들, 계곡들, 그리고 하천들을 삶의 터전으로 삼고 있는 동물들이었다. 그 집은 독이 있는 파충류들의 서식지였다. 나의 손님 초대 목록에 독 있는 뱀들이 가장 먼저 올라가 있는 것은 아니었기 때문에 나는 주님께 "이 방울뱀들이 계속 집으로 들어온다면 나는 이사 가야 할 것 같습니다"라고 말했다.

어느 날, 나는 그 집의 보수공사를 확인하면서 집 뒷마당 경계선 끝쪽으로 걸어가 보았다. 저 너머로 미개발된 땅이 수마일 펼쳐져 있었고 거기에는 덤불숲과 흙, 바위, 언덕들뿐이었다. 그 지역에는 코요테, 다람쥐, 생쥐와 당신이 추측할 수 있다시피 방울뱀들이 우글우글했다. 나는 우리 집 마당에 세워져 있는 카운티 경계 담장을 걷다가 그 담장의 꼭대기부터 밑에까지 네다섯 마리의 방울뱀들이 대롱대롱 매달려 있는 것을 보았다. 가까이서 보니 그 뱀들은 머리와 꼬리가 잘려 나가고 없었다. 나중에 목수들 중 한 사람이 나에게 뱀들을 죽여서 집으로 가져갈 거라고 말해주었다.

그 뱀들이 우리 집 가까이 오기는 했지만, 어쨌거나 경계를 넘어 집으로 들어온 것은 아니었다. 집의 공사는 계속 진행되었고, 우리는 그 집으로 이사를 했다. 결국 우리 가족은 조금은 사람을 소스라치게 만드는 그 집에서 10년 동안 살게 되었다.

우리가 새로운 교회가 위치한 곳으로 좀 더 가까이 이사해야 할 때가 되었을 때 그 집을 팔았다. 이사 가야 할 날이 점점 가까워 오던 어느 날, 아내가 교회 사무실로 전화를 해서 나에게 방울뱀이 집으로 들어와 구조대원이 그 뱀을 잡으려 하고 있다고 연락을 했다. 이제는 분명히 방울뱀이 우리 집으로 들어왔기 때문에 나는 그 집에 미련을 두지 않고 떠날 수 있었다.

내가 당신에게 이 이야기를 하는 이유는 우리의 다섯 아이들이 아주 어렸을 때 그 집에서 10년 동안이나 살았기 때문이다. 어떤 때는 다섯 명의 아이들이 전부 10살 미만인 때도 있었다. 아내와 나는 호기심 많고, 모험을 좋아하며, 탐구심으로 가득한 어린 것들이 방울뱀이 위험하다는 것을 알고 있기만을 바랐다. 우리는 때로 "뱀은 절대로 만지지 마라. … 만약 뱀 위로 지나가야 되면 먼저 엄마, 아빠에게 말해야 한다. … 미끄러지듯 지나가는 것이 있으면 항상 멀리 떨어져라"고 자주 경고를 해주곤 했다. 우리의 최종적인 메시지는 "방울뱀에게 장난치면 안 된다"라는 것이었다. 이 말이 당신에게 부당하게 들리는가?

이 이야기는 성경의 '하라', 그리고 '하지 말라'와 관련해서 핵심을 짚어준다. 사랑이 많은 부모로서 아내와 나는 우리의 사랑하는 아이들이 뱀에게 장난치는 것을 재미있게 생각하다가 해를 입는 일이 없기를 바랐다. 우리는 아이들이 안전하고, 건강하고, 행복하기를 바랐다. 하나님이 "하지 말라"고 계명을 선포했을 때 우리의 창조주 하나님의 마음에 의도했던 것도 분명히 이런 것이었을 것이다.

하나님은 모세에게 십계명을 주셨다. 모세가 계명이 새겨진 돌판을 가지고 산에서 내려왔을 때 하나님이 이 각각의 계명을 사랑으로 주셨지 분노로 주신 것이 아니라는 것을 그는 알고 있었다. 십계명은 그 때부터 시작하여 모든 크리스천 문명에서 매우 중요하게 여겨져 왔다. 그 이유는 무엇인가? 모세가 두 팔에 안고 있던 그 두 개의 돌판에 새겨진 내용이 강력한 사회적 규범과 근간을 이루어 주었기 때문이었다.

여섯 개의 계명들은 사람들과의 관계를 다루고 있으며, 네 개의 계명은 하나님과의 관계를 다루고 있다. 이것은 마치 간단한 수학처럼 보인다. 그렇지 않은가? 하나님과 좋은 관계를 유지하는 것보다 사람들과 좋은 관계를 유지하기가 더 어렵다. 이 계명들은 주먹을 쥐고 때릴 것 같은 모습을 하고 있는 하나님이 아니라 자녀가 뱀에게 물리지 않기를 바라는 사랑의 하나님이 쓰신 것이다.

'하라', 그리고 '하지 말라'와 관련하여 거짓 마귀가 만든 거짓 신화를 이제는 던져 버려라. 마귀에 대해 자세히 설명한 아래의 말씀을 주의 깊게 읽어보라.

"하늘에 전쟁이 있으니 미가엘과 그의 사자들이 용으로 더불어 싸울새 용과 그의 사자들도 싸우나 이기지 못하여 다시 하늘에서 저희의 있을 곳을 얻지 못한지라 큰 용이 내어 쫓기니 옛 뱀 곧 마귀라고도 하고 사단이라고도 하는 온 천하를 꾀는 자라 땅으로 내어 쫓기니 그의 사자들도 저와 함께 내어 쫓기니라"(계 12:7~9)

마귀는 "옛 뱀"이라고 불린다. 마귀는 어떻게 해서든지 사람들을 성경에서 멀어지게 하려고 한다. 그 이유는 성경에는 생명에 대한 답이 있고, 반면에 마귀에게는 죽음에 대한 답이 있기 때문이다. 아래의 말씀에서 우리는 가장 중요한 부분을 볼 수 있다.

"내가 또 들으니 하늘에 큰 음성이 있어 가로되 이제 우리 하나님의 구원과 능력과 나라와 또 그의 그리스도의 권세가 이루었으니 우리 형제들을 참소하던 자 곧 우리 하나님 앞에서 밤낮 참소하던 자가 쫓겨났고 또 여러 형제가 어린 양의 피와 자기의 증거하는 말을 인하여 저를 이기었으니 그들은 죽기까지 자기 생명을 아끼지 아니하였도다"(계 12:10~11, NKJV)

이러한 말씀들은 당신에게 긍정적인 것들을 말해주고 있다. 그 중에 첫 번째로, 당신도 구원을 받을 수 있다는 것이다. 당신은 하나님과 함께 영원히 살 수 있다. 두 번째로, 당신도 강한 힘을 가지게 된다는 것이다. 당신은 인생의 모든 장애물을 넘을 수 있고 승리할 수 있다는 것이다. 이 위대한 성경말씀들은 예수님이 당신을 위해 피 흘리셨고, 그래서 당신은 하나님과 영원히 살 수 있게 되었다고 말하고 있다. 다른 말로 하면 예수님이 당신을 대신해서 죽으셨다는 것이다. 당신이 예수님을 믿는다고 선언하기만 하면 마귀의 역사를 이길 수 있게 된 것이다.

하나님이 원하는 것은 당신이 예수님을 영접하는 것 그것이 전부이다. 사람이 모든 죄를 회개하고 예수님을 구주로 영접할 때 그 사람은 하나님 아버지의 자녀가 된다. 이것만이 당신의 영혼을 영원히 구원해줄 수 있는 유일한 믿음이다. 그러므로 당신의 믿음이 올바른 곳을 향해있는가 하는 것은 매우 중요한 문제이다. 사도 바울의 말을 들어보라.

"네가 만일 네 입으로 예수를 주로 시인하며 또 하나님께서 그를 죽은 자 가운데서 살리신 것을 네 마음에 믿으면 구원을 얻으리니 사람이 마음으로 믿어 의에 이르고 입으로 시인하여 구원에 이르느니라 성경에 이르되 누구든지 저를 믿는 자는 부끄러움을 당하지 아니하리라 하니"(롬 10:9~11)

마귀는 성경에는 삶의 재미를 전부 빼앗아 가버리는 규칙과 규범들로 가득 차 있다는 생각을 당신에게 집어넣으려고 할 것이다. 하나님은 우리에게 그와 정반대로 말씀을 하신다. 성경은 우리에게 참 만족을 주는 원리들과 이야기들로 가득하다.

그 시대, 그 말씀

내가 수년 동안 수도 없이 들었던 말은 다음과 같다. "그래요, 성경은 재미있는 이야기들과 영감을 주는 아이디어들, 멋진 시들이 있는 정말 좋은 책이죠. 그러나 성경은 너무 오래된 고전이고 또 시대에 뒤진 책이에요. 성경책은 너무 오래된 과거 시대에 대한 내용을 담고 있고 오늘날의 현실과는 좀 맞지가 않아요." 사실 나도 성경을 한 번도 들춰보지 않고 그런 말을 많이 했었다.

당신이 성경을 읽어보면 그런 잘못된 생각이 없어질 것이다. 예수님은 그 시대 사람들이 조상들에게 물려받은 구약 성경을 시대에 뒤졌다고 한 번도 말하지 않았다. 오히려 예수님이 설교를 하거나, 가르치거나 할 때 구약의 말씀을 몇 번씩이나 거듭거듭 인용했다. 그것은 정말 흥미로운 일이다.

실제로 예수님은 모세오경, 시편, 예언서를 포함해서 우리가 구약이라고 부르는 구약의 말씀들을 인용했다. 신약에서 바리새인이라고 불리는 유대인 지도자들이 이혼에 관한 질문으로 예수님을 함정에 빠뜨리려고 했을 때 예수님은 다음과 같이 대답했다. "사람을 지으신 이가 본래 저희를 남자와 여자로 만드시고 말씀하시기를 이러므로 사람이 그 부모를 떠나서 아내에게 합하여 그 둘이 한 몸이 될지니라 하신 것을 읽지 못하였느냐"(마 19:4~5)

그 후에 제자들에게 언제 마지막 때가 이를 것인지를 물어보는 질문을 받았을 때는 노아의 홍수를 인용하여 하나님의 심판(마

24:37~39을 읽어보라)에 관한 말씀을 했다. 다음의 성경말씀에서 우리는 예수님이 구약에 나오는 여러 인물들을 인용하는 것을 볼 수 있다.

"예수께서 대답하여 가라사대 악하고 음란한 세대가 표적을 구하나 선지자 요나의 표적밖에는 보일 표적이 없느니라 요나가 밤낮 사흘을 큰 물고기 뱃속에 있었던 것같이 인자도 밤낮 사흘을 땅 속에 있으리라 심판 때에 남방 여왕이 일어나 이 세대 사람을 정죄하리니 이는 그가 솔로몬의 지혜로운 말을 들으려고 땅 끝에서 왔음이어니와 솔로몬보다 더 큰 이가 여기 있느니라"(마 12:39~40, 42)

예수님은 이사야, 엘리야, 다니엘, 아벨, 사가랴, 아비아달, 이삭, 야곱을 메시지에 인용했다. 예수님은 이 사람들과 그들에 얽힌 이야기들을 단순히 언급만 하고 지나쳤던 것이 아니라 그 사건들과 인물들을 역사와 연결시켜 사실화하였다. 실제로 예수님이 인용했던 대부분의 사건들은 요나와 큰물고기는 말할 것도 없고 창조, 노아의 홍수와 같이 매우 논란의 여지가 많은 주제들이었다.

아담, 아브라함, 노아, 또 기타 구약의 인물들이 등장하는 구약의 가르침을 약 4000년 후 예수님이 받아들였다면, 오늘날 당신도 그 교훈을 받아들일 수 있지 않겠는가? 혹자는 예수님이 2000년 전에 생존했던 역사적인 인물이기 때문에 우리와는 입장이 다르다고 주장할 수도 있겠지만, 사실 그런 걸로 따진다면 예수님이 4000년 전 것을 받아들였던 것에 비하면 우리는 2000년 정도는 얼마든지 뛰어넘을 수 있지 않겠는가? 나는 사람이 예수님을 알게 되면 예수님의 말씀이 시대를 초월한 진리라는 것을 알게 된다고 당신에게 말해주고 싶다. 히브리서 저자는 "예수 그리스도는 어제나 오늘이나 영원토록 동일하시니라"(히 13:8)고 말했다. 이 말씀은 성경이 태초부터 시작하여 예수님 시대에 이르기까지 모든 사람들에게 받아들일만한 것이었다면, 오늘날에도 성경은 사람들에게 여전히 받아들일만한 것이라고 우리에게 말해주고 있다. 당신도 알다시피 고대 바벨론 사람들이 겪었던 기본적인 인생문제들을 오늘날 맨해튼에 살고 있는 사람들도 똑같이 겪고 있다. 오늘날 파리에 살고 있는 여자들이 겪고 있는 똑 같은 문제를 이집트 여자들도 겪고 있다. 당신은 이 책을 읽고 있는 이 순간에도 모든 인류가 겪는 그러한 문제들을 겪고 있다.

성경의 축복은 모든 시대, 모든 문화 속에 살고 있는 모든 사람들을 위한 것이다.

감추어진 보물

어렸을 때 하나님께로 나아간다는 것은 항상 나에게 너무나 엄청난 일처럼 보였다. 그러니까 내가 그렇게 엄청난 일을 힘들게 해야 할 필요가 뭐가 있었겠는가? 세상에 재미있는 일, 함께 어울리고 싶은 멋진 사람들, 돈을 많이 벌 수 있는 기회들이 우리에게 얼마나 많은가? 인생에는 낭만적이고 도전해보고 싶은 항구들이 수도 없이 우리가 찾아가주기를 멀리서 기다리고 있지 않은가? 나는 속으로 '나는 나중에 나이 들고, 외롭게, 죽을 때쯤 되면 그때 가서 성경 읽는 것에 대해서도 생각해보고, 하나님을 신실하게 믿는 것도 생각해봐야지' 라고 생각했다. 이러한 생각은 수세기에 걸쳐 수많은 나라들의 많은 사람들에게 삶의 철학이 되어왔다.

정치적으로 합리적인 나라에서 성경이 우리에게 주는 축복과 혜택들을 누리며 살고 있는 많은 사람들이 하나님의 말씀에 나타난 진리를 평가절하하고 무시하려고 한다는 것은 매우 슬픈 일이 아닐 수 없다. 어떤 사람들은 사람들의 손에서 성경을 뺏으려는 시도를 하고 있다. 공립학교에서 성경을 가르치려고 해보라. 당신은 매우 곤란한 입장에 처하게 될 것이다. 법정에 십계명이나 또는 다른 성경말씀들을 게시해보라. 금방 반발에 부딪칠 것이다. 소위 전문가라고 불리는 많은 사람들이 성경이 문제가 있다고 생각하고 있으며, 정부나 교육기관이 성경을 지지하면 안 된다고 생각하고 있다. 그 결과 사람들이 성경을 시대에 뒤 떨어진 구식이라고 생각하게 되었고, 따라서 성경을 한 번도 읽지 않은 사람들이 미국 인구의 많은 비중을 차지하고 있다.

나머지 사람들도 인생의 위기를 맞았을 때나 죽음이 다가온다고 생각할 때만 성경에 관심을 가진다. 20세기에 미국에서 가장 유명했던 코미디 배우 W. C. 필즈(Fidlds)는 유머와 위트로도 유명했지만 오랜 알코올중독 증세로도 유명했다. 사실 필즈의 유머는 대부분 알코올 남용과 관련된 것들이 많았다. 그가 침상에 누워 죽음을 맞이하고 있었을 때 어떤 친구가 병문안을 왔다가 필즈가 성경을 읽고 있는 것을 보고 놀랐다. 그의 오랜 친구는 그에게 "철저한 무신론자께서 웬일이야? 지금, 자네 무슨 책을 읽고 있는 거지? 자네, 죽음 이후가 걱정이 되는 모양이군, 그런 거야?" 라고 물어보았다.

그때 그는 "아니, 아니야. 성경이 어떤 허점이 있는지 찾아보려고"라고 대답했다.

솔직히 나는 개인적으로 성경이 거짓이라고 주장하거나 또는 "허점"을 찾기 위해 성경을 읽는 사람들을 불쌍하게 생각한다. 성경을 다급한 상황에서만 읽는 사람들은 자기 자신을 제대로 대접하지 못하는 사람들이다. 그들은 성경이 문명화된 세상 또는 비문명화 된 세상에 가져오는 축복들을 충분히 누리지 못해 항상 결핍상태에 놓여있다. 그들은 우주의 창조주인 사랑의 아버지의 말씀을 들을 수 있는 기회를 놓치게 된다.

만약 당신이 성경을 규칙적으로 읽는 사람이라면 계속 그렇게 하라. 하나님이 당신에게 보여주시는 모든 선한 것들을 누리라. 만약 당신이 성경을 거부하는 사람이라면 왜 그렇게 하는지 그 이유를 자신에게 물어보라. 당신이 느끼는 거부감은 어디에서 비롯된 것인가? 당신의 성장배경과 당신의 마음을 정직하고 순수한 마음으로 살펴보라. 나는 성경을 회피하는 사람은 지구상에서 가장 귀한 보물을 놓치는 것이라고 분명하게 말하고 싶다.

성경에는 우리가 이 땅에서의 삶을 바꾸는 힘이 있으며, 우리의 영원한 목적지를 바꾸는 힘이 있다.

3

성경을 보는 패러다임

성경 읽기는 "반드시 해야 하는" 의무가 아니라
"저절로 하게 되는" 감동이다.

"성경이라는 벌집에서 꿀을 채취하라.
그리고 그 달콤함을 누리며 살라."

찰스 스펄전(Charles H. Spurgeon)

◆◇◆◇◆

사람들이 성경에 대해 정말 어떻게 생각하고 있는지 알아보기 위해 설문조사를 하고 있다고 상상해보자. 그리고 당신의 손에 설문지를 들고 사람이 많이 모이는 번화가로 가서 지나가는 행인에게 "성경을 한 마디로 묘사한다면 어떤 말이 적당하다고 생각하십니까?" 라고 물어본다.

나는 당신이 일반적으로 듣게 되는 대답이 "지루하다, 시대에 뒤떨어졌다, 별로 흥미롭지 않다, 구식이다, 잔소리가 심하다, 너무 까다롭다…" 등일 거라고 생각한다. "흥미롭다, 재미있다, 영감을 준다, 범상치 않다…" 등의 말을 하는 사람은 소수에 불과할 것이다.

이제 당신은 교회를 다니고 있는 사람들만을 대상으로 설문조사를 실시하려고 한다고 가정해보자. 당신은 길 건너에 있는 교회로 가서 번화가에서 사람들에게 물어봤던 것과 동일한 질문들을 교회

사람들에게 물어본다. 만약 당신이 설문에 응한 사람들에 대한 개인 정보를 철저히 비밀에 붙일 것을 보장해주겠다고 그들에게 약속한다면 그들의 대답도 변화가 사람들이 했던 대답과 그다지 다르지 않을 것이라고 나는 말할 수 있다. 물론 그들 중 소수는 "도움이 된다, 격려를 준다, 사기를 북돋워 준다, 마음을 편안하게 해준다, 교훈적이다…" 등의 보다 긍정적인 답변을 할 수도 있다.

내가 말하려고 하는 것은 이것이다. 만약 당신이 '성경을 한 마디로 표현한다면' 이라는 질문에 대한 답을 백 개를 얻었다면 그 중에 아래와 같은 답은 두세 개 정도밖에 되지 않을 것이다.

재미있다.

생동감이 있다.

아주 흥미롭다.

흥분을 감출 수 없다.

활력이 솟는다.

충격적이다.

감탄스럽다.

할 말을 잃을 정도다.

성경을 이러한 최상급의 말로 표현하는 사람들이 많지 않다는 것은 참 서글프다. 왜냐하면 성경은 당신이 읽을 수 있는 책들 중에 가장 강력하고, 설득력 있는, 신선한 충격을 주는 책이 될 수 있기 때문이다. 만약 당신이 스릴 있는 책에서 느끼는 긴장감을 즐기는 사람이라면, 당신이 독자들을 깊이 생각하게 만드는 인생의 지침서와 같은 책을 원한다면, 당신이 일급 추리소설에서 느낄 수 있는 흥미진진함을 원한다면, 당신이 아름다운 시에서 느끼는 상상력과 감성을 좋아한다면 당신은 분명히 성경을 굉장히 좋아할 것이다. 성경에는 그런 것들뿐만 아니라 그 이상의 것들, 즉 사람의 삶을 변화시키고 놀라운 영감을 주는 것들이 기록되어 있다.

이제 성경을 가능한 새로운 관점으로 재조명해보자. 낡은 선입견을 버리고 새로운 방법으로 성경에 접근해보자.

나는 성경에 대해 경솔하고 임의적인 관점을 가진 사람이 아니다. 나는 성경에 대해 큰 존경심을 가지고 있다. 나는 혼자서 성경을 수 년 동안 공부했고, 대학원에서도 성경을 연구했으며, 성경을 가르치는 일을 몇 십 년 동안 해왔지만 솔직하게 말해서 나는 지금도 성경을 읽는 것이 재미있다. 당신은 누군가가 성경을 읽는 것이 재미있다고 말하는 것을 들어본지가 언제인가? 나는 성경을 읽을 때 거기서 즐거움을 누리는 차원을 넘어서서 성경에서 인생의 깊은 의미와 중요성을 발견한다. 나는 우주를 창조하신 창조주의 음성을 성경을 통해 듣는 것보다 사람의 삶을 더 놀랍게 변화시킬 수 있는 능력을 아직까지 보지 못했다.

나는 성경을 읽는 것이 "반드시 해야 하는" 의무가 아니라 "저절로 하게 만드는" 감동이라는 것을 알게 되었다. 성경이 주는 메시지는 검은 가죽표지로 된 성경책 한 장 한 장이 마치 새총으로 쏘아올린 작은 돌멩이처럼 언제 넘어가는지도 모르게 휙휙 넘어가게 한다. 어떤 때는 성경의 의미를 알기 위해 깊이 연구해야 할 때도 있다. 그러나 성경의 의미가 내게 명확하게 다가올 때면 그것은 마치 산에서 금이 가득한 금광맥을 찾은 것과 같다. 다윗의 시편 중에 하나는 이것을 정말 잘 말해주고 있다.

"여호와의 율법은 완전하여 영혼을 소성케 하고 여호와의 증거는 확실하여 우둔한 자로 지혜롭게 하며 여호와의 교훈은 정직하여 마음을 기쁘게 하고 여호와의 계명은 순결하여 눈을 밝게 하도다 여호와를 경외하는 도는 정결하여 영원까지 이르고 여호와의 규례는 확실하여 다 의로우니 금 곧 많은 정금보다 더 사모할 것이며 꿀과 송이꿀보다 더 달도다"(시 19:7~10, NKJV)

만약 우리가 성경을 정금이나 꿀보다 더 갖고 싶은 것으로 여기지 않는다면 우리는 뭔가 귀중한 것을 놓치고 있는 것이다. 그것은 성경에 대한 우리의 태도이지 성경자체가 따분하고 부정적인 것은 아니다. 그리고 그 때가 성경을 통해 세상을 바라보는 새로운 방식을 찾아야 할 때 일지도 모른다.

새롭게 시작해보자

나는 몇 년 전에 대학원에 다닐 때 여러 가지 책들을 읽고 리포트를 많이 제출했다. 그때 나는 전에는 본 적이 없는 단어를 하나 알게 되었다. 그것은 패러다임(paradigm)이라는 단어였다. 나는 그 단어의 발음을 '페어 오브 다임즈(Pair of dimes/10센트짜리 동전 두 개라는 뜻)'로 생각하고 싶었다. 나는 또한 이 단어가 이동(변화)이라는 말과 관련되어 사용된다는 것을 알게 되었다.

패러다임이라는 단어가 꽤 자주 사용되기 때문에 (우리나라처럼 현대화된 곳에서는 너무 지나치게 사용될 수도 있다) 어쩌면 당신도 패러다임이라는 단어를 들어봤을 수도 있다. 그러나 내가 그 단어를 우연히 접하게 되었을 때는 그 단어가 영어 어휘집에 새로 추가된 단어였다. '제3의 물결(The Third Wave)'을 쓴 앨빈 토플러(Alvin Toffler)와 '메가트렌드(Mega Trends)'를 쓴 존 네스비트(John Nesbitt)와 같은 미래학자들과 비저너리들은 패러다임의 이동을 주장하는 사람들이었다.

그들은 21세기에는 우리가 사는 세상이 어떻게 변화할 것인지를 예언해주는 예언자들과 같다. 그 후에 스티븐 코비(Stephen Covey)는 '성공하는 사람들의 일곱 가지 습관(Seven Habits of Highly Effective People)'에서 패러다임의 전환을 비즈니스, 그리고 사람들의 개인적인 삶에 적용했다. 만약 당신이 온라인 서비스 '지브스에게 물어보라(Ask Jeeves)'에 들어가 '패러다임이 무슨 뜻'인지 검색해보면 당신은 "공유된 가정과 관점들; 많은 사람들이 공통적으로 가지고 있는, 현실을 해석하는데 사용되는, 경계를 구분짓는 일반적인 일련의 규칙들과 법칙들, 그리고 그 경계들 안에서 우리가 성공하기 위해 어떻게 해야 하는지를 가르쳐 주는 이론적인 틀"이라고 적혀있는 것을 볼 수 있을 것이다.

그렇다면 패러다임의 전환이란 사고, 견해, 관점 등이 급속히 바뀌는 것이다. 당신에게는 신념, 철학, 또는 가정이 있다. 그런데 패러다임의 전환이란 그것이 완전히 뒤바뀌는 것을 말한다. 코비는 패러다임은 특정 방향으로 우리를 인도하는 교통지도와 같다고 말한다.

"우리 각 사람은 머릿속에 수많은 지도를 가지고 있다. 〔그리고〕 우리는 우리가 경험한 모든 것들을 이 정신 지도들을 통해 해석한다. 우리는 그 지도의 정확성에 대해서는 거의 묻지 않는다. 대개는 그런 지도들을 가지고 있는지 조차도 인식하지 못한다. 우리는 세상을 바라보는 우리의 방식이 실제로 세상의 모습이거나, 아니면 세상이 갖춰야 할 모습이라고 단순히 가정한다. 그리고 우리는 그 가정을 전제로 행동하고 태도를 취한다. 우리가 세상을 보는 방식은 우리의 사고방식과 우리의 행동방식을 결정해준다."[1]

그는 계속 말을 잇는다.

"패러다임은 아주 강력하다. 그 이유는 패러다임이 세상을 바라보는 렌즈를 우리에게 제공해주기 때문이다. 패러다임의 변화의 힘은 그 변화가 즉각적으로 일어나든, 아니면 의도적인 과정을 거쳐 천천히 일어나든 획기적인 변화에는 반드시 요구되는 필연적인 힘이다."[2]

내가 왜 패러다임에 대해 이렇게 장황한 설명을 하고 있는 것인가? 그 이유는 성경에 대해 부정적인 '가정과 관점들'을 전환시켜야 할 사람들이 많기 때문이다. 만약 정말 우리가 성경을 짐이 아니라 축복으로, 의무가 아니라 보화로 볼 수 있게 된다면 어떻게 할 것인가? 그렇게 할 때 하나님의 책을 대하는 우리의 접근방식, 그리고 하나님에 대한 우리의 태도까지 바뀌게 될 것인가? 나는 그렇게 될 것이라고 확신한다.

베를린 장벽이 무너지기 오래 전에, 그리고 러시아와 그 외에 철의 장막의 국가들에 뿌리내린 공산주의가 무너지기 오래 전인 1970년대와 1980년대에 나는 '지하 성경공부 모임'에서 성경을 가르치기 위해 동유럽을 이곳저곳 다닌 적이 있었다. 공산주의 정부는 매우 엄격하고 폭력적이었으며 성경과 성경공부를 금지했다. 그들은 '종교는 아편' 이라는 공산당선언을 믿고 있었으며, 종교가 공산당정부를 위협한다고 믿고 있었다. 내가 그리스도인들과 성경을 믿는 자들의 어려움을 이해하기 시작하게 되었던 때가 바로 헝가리, 체코슬로바키아, 루마니아, 폴란드, 동독, 러시아에 있을 때부터였다. 오늘날에는 공산주의가 전 세계적으로 무너져 내렸고. 소수의 공산권들만 남아있기 때문에 공산주의자들이 생각하던 패러다임은 이제는 바뀌었다.

핍박받는 지역에 살고 있는 신자들에게는 성경을 가지고 있다는 것이 말할 수 없는 놀라운 특권이었다. 그들은 성경을 읽어주면 완전히 집중해서 듣는다. 그들은 성경의 가르침을 한마디 한마디를 놓치지 않고 붙든다. 현대 사회는 마음에서 우러나는 이러한 감사의 태도를 다시 한 번 회복해야 할 필요가 있다.

C.C.C.(Campus Crusade for Christ)의 창설자인 빌 브라이트(Dr. Bill Bright)는 '예이츠 풀(Yates Pool)' 이라는 유명한 텍사스 유전에 관한 이야기를 한 적이 있다. 대공황 시절에 그 땅은 소유주인 예이츠 씨의 이름을 따 예이츠목장이라는 상호를 붙인 양치는 목장이었다. 그는 안타깝게도 농장소득으로는 은행 대출금의 원금과 이자를 갚을 수가 없었기 때문에 농장을 넘겨야 할 위기에 처하게 되었다. 그의 가족은 그 당시의 다른 사람들과 마찬가지로 약간의 입을 옷과 먹을 것을 살 수 있는 돈밖에 없었으며 정부에서 주는 보조금으로 겨우겨우 연명하고 있었다.

예이츠는 넓게 펼쳐진 서부텍사스 언덕을 거니는 양떼들을 바라보며 어떻게 그 빚을 다 갚을 것인지 심히 고민했을 것이다. 그러던 어느 날 석유회사에서 지진파를 측정하는 직원이 그 지역에 찾아와서 그 땅에 석유가 묻혀있을지도 모른다고 말했다. 그들은 그 땅을 깊이 파볼 수 있도록 허락을 해달라고 요청했고 그는 계약서에 서명을 했다.

1,115피트(약 340미터)까지 땅을 팠을 때 거기서 거대한 유전이 발견되었다. 처음으로 파낸 석유의 양만 하루에 약 8만 배럴이었다. 그 석유회사 직원들은 주변에 다른 가능성 있는 유전들을 다 합치면 두 배 이상이 묻혀 있을 것이라고 했다. 사실 그 유전을 처음 발견한지 30년 후에 정부가 그 유전들 중에 하나를 조사한 결과 하루에 약 12만 5천 배럴을 시추할 수 있는 매장량이 묻혀있다는 것이 밝혀졌다.

예이츠는 그 모든 것을 다 차지하게 된 것이다. 그가 그 땅을 사들였던 바로 그날 그는 석유와 그 땅의 모든 자원에 대한 소유권까지 이미 넘겨받은 것이다. 그런데도 그는 그 때까지 정부보조금으로 겨우 연명하는 생활을 했었다. 백만장자가 겨우 입에 풀칠만 하고 사는 모습을 상상해보라. 도대체 무엇이 문제인가? 그는 석유를 가지고 있었음에도 불구하고 석유가 거기 묻혀있다는 것을 모르고 있었다.[3]

당신은 그 농장에 대한 예이츠의 패러다임이 바뀌었을 거라고 생각하는가? 분명히 그랬을 것이다. 그는 그 농장을 아무 쓸모없는 메마른 땅으로 보았다. 그런데 그 엄청난 행운은 도저히 믿을 수 없을 정도였다. 이것은 사람들이 성경을 어떻게 받아들여야 하는지를 정확하게 보여주고 있다. 사람들은 성경이 무한한 부요의 원천이라는 것을 깨닫지 못한 채 성경을 아무 쓸모없는 메마른 땅으로 보고 있다. 만약 당신에게 성경에 대한 패러다임의 전환이 필요하다면, 만약 당신이 성경을 지루하고 별것 없는 것으로 보지 아니하고 열정을 가지고 매일 성경을 대하기 바란다면 다음에 나오는 아이디어들을 깊이 생각해보라.

성경에 투자하라

언젠가 아브라함 링컨(Abraham Lincoln)은 "사람들은 행복하기로 마음먹은 만큼만 행복할 수 있다"라고 말한 적이 있다. 다른 말로 하면, 만족스러운 인생을 살고 싶은 사람들은 적극적으로 그런 방법들을 찾는다. 그들은 긍정적인 관점을 개발하며, 목표를 설정하고, 그 목표를 향해 열심히 노력하며, 향상과 성장을 위한 길을 끊임없이 모색한다. 그것은 태도와 결단의 문제이다.

동일한 원리가 성경에 대한 우리의 태도에도 그대로 적용된다. 성경이 지루하고 건조할 것이라고 지래짐작한다면 어떻게 되겠는가? 아마도 우리는 성경을 보면서 지루하고 건조한 경험을 하게 될 것이다. 풍부한 석유가 바로 밑에 매장되어 있었지만 겉으로는 쓸모없는 땅처럼 보였던 그 땅처럼 말이다. 그러나 만약 우리가 성경을 보면서 성경이 우리의 마음을 사로잡을 것이며, 우리의 마음을 뒤흔들 것이고, 상상력을 불러일으킬 것이라는 큰 기대를 하고 성경을 본다면 어떻게 되겠는가? 만약 우리가 그런 일들이 일어날 것이라고 믿는다면 분명히 그런 일들은 일어날 것이다.

링컨이 했던 말을 우리에게 맞게 다시 말을 풀어보자. "사람들은 기대한 만큼만 성경에서 얻을 수 있다." 당신이 성경을 읽는 것을 지루하고 따분하게 생각하면 성경 읽기는 실제로 지루하고 따분해진다. 또한 당신이 성경 읽기를 재미있고 흥미롭다고 생각하면 그만큼 재미있고 흥미로워진다. 만약 당신이 성경 읽기에 자신의 시간, 지식, 창의성을 투자하면 당신은 삶의 모든 영역에서 엄청난 배당금을 타게 될 것이다.

성경에 더 사로잡히게 하라

성경은 모든 사람들에게 뭔가를 제시해준다. 그리고 성경은 각 사람의 독특한 성향과 관심에 맞게 풍성한 것들을 공급해준다. 예를 들면 어떤 사람들은 드라마 이야기, 영웅 이야기, 공상 등과 같이 재미있고, 상상력을 불러일으키는 이야기들에 끌린다. 성경에는 스티븐 킹(Stephen King)이나 존 그리샴(John Grisham)과 같은 현대 작가를 제쳐두고라도 셰익스피어(Shakespeare), 호메로스(Homer), 톨스토이(Tolstoy), 멜빌(Melville)이 저술한 어떤 책보다도 더 마음을 사로잡는 이야기들이 들어있다. 성경의 이야기들이 훨씬 더 사람의 마음을 끄는 이유는 그 이야기들이 다 실화이기 때문이다.

어떤 사람들은 독특한 인물들이나 강력한 개성에 더 이끌린다. 혈과 육을 입은 사람들로서 불가능한 것들을 이겨낸 사람들, 아름다운 로맨스를 가졌던 사람들, 진퇴양난의 상황에서 옳은 일을 행한 사람들…. 성경은 말할 수 없이 용감한 사람들, 큰 승리를 이룬 영웅들, 그리고 그와 비슷한 이야기들로 가득하다. 만약 당신이 성경을 재미있게 읽고 싶다면 좋아하는 인물을 찾고 그 사람에 대해 깊이 연구해보라.

나의 경우에는 성경의 편집과 구도에 많이 이끌린다. 전혀 우연이라고 볼 수 없는 "편집구성상의 우연의 일치"에 특히 마음이 끌린다. 예를 들면 성경에서 가장 긴 장이 시편 119편이고 가장 짧은 장은 시편 117편이다. 그리고 성경의 딱 중간에 있는 장은 시편 118편이다. 그러므로 시편 118편은 성경 전체에서 가장 긴 장과 가장 짧은 장 사이에 끼어있는 것이다. 이러한 "희한한 현상"은 시편 118편 앞쪽이 정확히 594장으로 이루어져 있고, 시편 118편 뒤쪽으로 정확히 594장으로 되어 있는 것을 볼 때 더 희한하게 느껴진다. 그뿐만이 아니다. 당신이 성경의 모든 장들을 전부 더해보면 전체가 1,188개의 장이라는 것을 알게 될 것이다. 게다가 당신은 성경 중간에 있는 말씀이 시편 118장 8절이라는 것을 아는가?

이 모든 것이 나에게는 아주 신기할 따름이다. 그것은 나의 마음을 호기심에 가득 차게 하고 더 알아보고 싶은 생각을 갖게 한다. 누구나 이 창조적인 문헌의 편집구성의 이면에 하나님의 비밀스러운 손길이 있다는 생각을 하지 않을 수 없을 것이다. 요 몇 년 간 '바이블 코드'에 관한 책들이 많이 나왔다. 당신은 시편 118장 8절이 일종의 코드라는 것을 분명히 알 수 있을 것이다. 성경의 한 가운데 있는 이 장과 그 구절에는 어떤 비밀스러운 메시지가 담겨있는 것일까? 시편 118장 8절에 담겨있는 비밀스러운 메시지를 좀 더 면밀히 살펴보자.

"여호와께 피함이 사람을 신뢰함보다 나으며"

이것이 바로 성경의 놀라운 진리를 담고 있는 비밀스러운 코드이다. 만약 당신이 이 코드를 해독할 수 있다면 당신은 이 메시지가 말하는 것이 '하나님을 신뢰하라' 라는 것임을 쉽게 알 수 있을 것이다. 수세기 동안 인류의 멸망을 지켜보면 사람에 대한 우리의 신뢰는 흔들릴 수밖에 없다. 따라서 사람과 사람이 만든 제도를 신뢰하지 않고 하나님을 신뢰하는 쪽으로 우리의 패러다임은 전환될 것이다.

당신의 독특한 독서 취향이 시, 역사, 러브 스토리 중 어떤 것이든지 간에 성경은 당신을 만족시켜 줄 것이다. 그리고 당신은 그러는 중에 인생을 살아가면서 하나님을 신뢰하라고 말씀하시는 하나님에 대해 더 많이 배우게 될 것이다.

감사하는 태도를 길러라

사도 바울은 감사하고 기뻐하는 태도가 가진 힘을 알고 있었다. 그의 서신에는 "기뻐하라" "범사에 감사하라" 등과 같은 문구들이 자주 등장한다. 그는 골로새서의 성도들에게 보낸 편지에 "그리스도의 말씀이 너희 속에 풍성히 거하여 모든 지혜로 피차 가르치며 권면하고 시와 찬미와 신령한 노래를 부르며 마음에 감사함으로 하나님을 찬양하고"(골 3:16)라고 기록했다. 아마도 바울은 감사하지 않고 당연하게 받거나 또는 시간이 흐르면 감사하는 마음이 점점 없어지는 인간의 성향에 대해 잘 알고 있었던 것 같다. 또한 바울은 감사하는 패러다임이 우리에게 하나님과 하나님의 말씀을 깊이 누릴 수 있도록 해줄 것이라는 것을 알고 있었다. 반면에 감사하지 않는 마음과 당연하게 생각하는 태도는 성경이라는 선물을 무시하는 태도를 갖게 한다.

'디어 애비(Dear Abby)'로 더 잘 알려진 유명한 신문 사설 기고가 아비가일 밴 부렌(Abigail Van Buren)은 고등학교 졸업을 눈앞에 두고 있던 어느 부잣집 청소년에 대한 이야기를 한 적이 있다. 그 소년의 부모는 부유층에서 대개 하는 식으로 그 소년의 졸업선물로 새 차를 준비했다. 이 소년과 그의 아버지는 자동차 대리점을 이곳저곳 둘러보았다. 졸업을 일주일 앞두고 그들은 완벽하게 마음에 드는 차를 찾아내었다. 그 소년은 졸업식 날 밤에는 그 차가 집 주차장에 있을 거라고 믿었다.

그러나 졸업식 날 밤에 그의 아버지는 화려한 색깔의 종이로 곱게 포장되어 있는 어떤 꾸러미를 그에게 건네주었다. 아버지는 그 꾸러미 안에 아주 귀중한 선물이 들어있다고 말했다. 그것은 성경이었다. 소년은 실망했고 화가 났다. 그는 성경을 집어던지고 집 밖으로 뛰쳐나갔다. 졸업식 기념파티는 열리지 않았고 아들과 아버지는 그 후 다시는 서로 만나지 않았다.

몇 년이 지난 후 아들은 아버지의 사망 소식을 듣게 되었다. 장례식이 끝난 후 그는 어느 날 저녁 혼자 앉아서 아버지가 남기고 간 유물들을 살펴보고 있었다. 그는 아버지가 전에 그에게 건네주었던 성경이 놓여 있는 것을 보고 그 쪽으로 걸어갔다. 그는 슬픔에 젖어 성경책 위에 수북이 쌓여 있는 먼지를 털어내고 처음으로 성경을 펼쳐보았다. 그 순간 성경에서 그가 고등학교를 졸업했던 바로 그 날짜로 발행된 수표가 그의 무릎 위로 떨어졌다. 그 수표에는 그가 원했던 그 차의 값과 정확히 일치하는 금액이 적혀있었다. 선물은 항상 그곳에 놓여있었지만 그가 그것을 거절했던 것이다.[4]

오늘날 어떤 사람들은 성경이라는 하나님의 선물을 완전히 거절한다. 대부분의 사람들은 별로 내키지 않는 마음으로 받는다. 우리가 성경이 여러 면에서 우리의 삶을 얼마나 풍성하게 하는지 그 가치를 알 때 우리는 하나님의 책이 짐이 아니라 축복이라는 것을 알게 될 것이다.

사랑하는 사람들과 함께 하라

구약의 느헤미야서는 성경과 사랑에 빠지는 것에 관한 성경의 고전 이야기 중에 하나이다. 이 이야기의 앞뒤 상황을 살펴보면, 유대인들은 바벨론 제국의 악명 높은 지도자 느부갓네살 왕에게 포로로 잡혀갔다. 바벨론은 오늘날 이라크의 자리에 위치해 있었다(사담 후세인이 정권에서 물러나기 전에 그는 자신을 바벨론과 이라크의 통치자요 느부갓네살이라고 주장했었다). 몇 년 동안 유대인들은 바벨론에서 포로로 살게 되었고 세속적인 문화에 익숙해졌다. 그들은 바벨론에서 신념과 종교를 통합시켜 "재프로그램" 당하는 과정을 거쳤다. 그것은 부정적인 쪽으로의 패러다임의 전환이었다. 70년의 포로생활이 끝나고 마침내 자유의 몸이 되었을 때 바벨론에 거주하던 유대인들 중 5만 명만이 예루살렘으로 돌아와 나라와 문화를 재건했다. 느헤미야와 에스라는 예루살렘 성을 재건하고, 성문을 다시 세우며, 하나님의 법을 백성들에게 다시 가르치는 일을 했다. 아래에 나오는 말씀은 예루살렘에 돌아온 후 백성들 앞에서 처음으로 성경을 읽었던 사건에 대해 말해주고 있다.

"이스라엘 자손이 그 본성에 거하였더니 칠월에 이르러는 모든 백성이 일제히 수문 앞 광장에 모여 학사 에스라에게 여호와께서 이스라엘에게 명하신 모세의 율법 책을 가지고 오기를 청하매 칠월 일일에 제사장 에스라가 율법책을 가지고 남자, 여자 무릇 알아들을 만한 회중 앞에 이르러 수문 앞 광장에서 새벽부터 오정까지 남자, 여자 무릇 알아들을 만한 자의 앞에서 읽으매 뭇 백성이 그 율법책에 귀를 기울였는데 때에 학사 에스라가 특별히 지은 나무 강단에 서매 그 우편에 선 자는 맛디댜와 스마와 아나야와 우리야와 힐기야와 마아세야요 그 좌편에 선 자는 브다야와 미사엘과 말기야와 하숨과 하스밧다나와 스가랴와 므술람이라 학사 에스라가 모든 백성 위에 서서 저희 목전에 책을 펴니 책을 펼 때에 모든 백성이 일어서니라 에스라가 광대하신 하나님 여호와를 송축하매 모든 백성이 손을 들고 아멘 아멘 응답하고 몸을 굽혀 얼굴을 땅에 대고 여호와께 경배하였느니라 예수아와 바니와 세레뱌와 야민과 악굽과 사브대와 호디야와 마아세야와 그리다와 아사랴와 요사밧과 하난과 블라야와 레위 사람들이 다 그 처소에 섰는 백성에게 율법을 깨닫게 하는데 하나님의 율법책을 낭독하고 그 뜻을 해석하여 백성으로 그 낭독하는 것을 다 깨닫게 하매" (느 8:1~8, NKJV)

이 말씀에서 강조하고 있는 몇 가지 점들은 다음과 같다. 모세의 율법책이 에스라에게 전해졌고 에스라는 광장에 모인 백성들 앞에서 큰소리로 성경을 낭독했다. 남자나 여자나 무릇 알아들을 만한 자들이 전부 다 그 읽는 소리에 귀를 기울였다.

백성들은 아침부터 오정까지 몇 시간 동안이나 성경 읽는 소리에 귀를 기울였다. 성경책을 펼칠 때 모든 백성들이 자리에서 일어섰고, 성경을 읽을 때 하나님과 하나님의 말씀에 대한 경외심을 표하면서 얼굴을 땅에 대었다. 거기에는 백성들이 그 귀로 들은 것을 깨달을 수 있도록 가르치는 은사를 가진 사람들도 있었다.

위의 내용을 통해 볼 수 있는 것처럼 성경을 사랑하고 존중하는 사람들과 함께 보내는 시간을 자주 가지라. 열정에는 강한 전염성이 있다. 그리고 성경을 좋아하는 사람들과 함께 어울릴 때 성경에 대한 당신의 흥미도 커진다. 가정 모임에 모이는 친구들 이웃들과 함께 어울리라. 점심시간이나 쉬는 시간에 성경을 함께 읽으며 함께 시간을 보낼 수 있는 직장동료나 학교친구들을 찾으라. 하나님은 성경을 배우고 싶어 하는 당신의 갈망을 존중해줄 것이며 성경을 통해 당신과 대화할 것이다.

다음 단계로, 성경을 잘 이해하고 적용하면서 당신을 도와줄 수 있는 신뢰할 만하고 존중할 만한 교사를 찾으라. 사도 바울은 에베소에 있는 초기 크리스천 공동체에게 하나님이 어떤 사람들에게는 성경을 잘 이해하고 가르치는 은사를 주셨다고 말하고 있다.

"그가 혹은 사도로, 혹은 선지자로, 혹은 복음 전하는 자로, 혹은 목사와 교사로 주셨으니 이는 성도를 온전케 하며 봉사의 일을 하게 하며 그리스도의 몸을 세우려 하심이라"(엡 4:11~12)

성경을 이해하는 은사를 주시는 목적은 그들을 슈퍼스타로 만들어주기 위해서가 아니라 섬기는 종으로 삼기 위함이다. 그들의 인생의 목적은 사람들이 하나님의 자녀로서 살아가는 법, 성장하는 법을 알도록 돕는 것이다. 이런 점에서 만약 당신이 다니는 교회가 건강하고 사랑이 충만하며 성경을 가르치는 교회가 아니라면 하나님이 예비하신 선생, 즉 당신이 성경을 이해하도록 도와줄 수 있는 선생을 당신에게 보내주시도록 기도하라.

우선적으로 성경을 보라

이 책을 쓰고 있는 지금 나는 건강이 좋지 않은 91살 된 어머니를 돌보고 있다. 어머니는 병원에 입원해 있고 건강을 회복하기 위해 전문 간호사의 도움을 받고 있다. 이러한 과정에서 나와 아내와 내 동생은 어머니가 집에서 병원으로 옮겨 최대한 편안하게 적응할 수 있도록 도우려고 했다.

어머니의 방의 옷장들과 서랍들을 깨끗하게 치우면서 우리는 우리 가족의 역사가 담긴 사진첩들을 훑어보았다. 그것은 내게 어린 시절의 추억을 되새겨 보는 아주 좋은 시간이었다. 내 동생도 나도 우리가 한창 크던 시기의 사진들을 많이 가지고 있지 않았다. 우리는 사진들을 뒤적이면서 내가 중학교 2학년 이었을 때의 학급앨범을 찾을 수 있었다. 우리는 과거 추억으로 거슬러 올라가 여러 가지 이야기들을 나누었다. 그 사진에는 내가 어렸을 때 함께 지냈던 친구들과 학급아이들이 있었다. 그 아이들을 머리에 떠올리며 그 아이들이 성장기에 나에게 끼쳤던 영향력을 되새겨보았다.

학급앨범을 훑어보는 동안 초등학교 6학년부터 고등학교 1학년 때까지 친하게 지냈던 학급 친구 한 명이 내 눈에 들어왔다. 그의 이름은 듀위 고프(Dewey Goff)였다. 우리가 서로 친하게 지내고 있을 때 그의 어머니와 내 동생이 죽었다. 죽음을 경험했다는 공통점이 청소년 시절 우리를 하나로 묶어주었다. 우리는 반항적으로 말보로 담배를 함께 피웠고, 우리 마음속 깊은 곳에 있는 비밀들과 두려움을 나누었다. 우리는 둘 다 청바지를 엉덩이까지 쭉 내려 입고 하얀 티셔츠의 소매를 둘둘 말아 입었다. 우리는 사랑하는 사람들을 잃은 후 함께 웃고 함께 울었다. 서로를 이해하고 또 불쌍히 여겨주는 친구가 있다는 것은 얼마나 놀라운 선물인가.

나는 듀위와 함께 겪었던 어떤 사건을 떠올렸다. 어느 더운 여름날 저녁이었다. 우리는 아파트 앞에 있는 장식용 울타리에 앉아 있었다. 우리는 삶과 죽음에 대해, 그리고 거기에 담긴 의미에 대해 이야기를 나누었다. 대화를 하다가 우리는 한계에 부딪혔다. 그때 듀위가 갑자기 "우리 할머니 집에 가서 할머니, 할아버지에게 물어보자. 아마 우리를 도와줄 수 있을지도 몰라"라고 말했다. 그때 당시 우리는 운전을 하기에는 너무 어린 나이였기 때문에 동네 이웃집들이 군데군데 서 있는 바람 부는 언덕을 따라 2~3㎞정도를 걸어갔다.

듀위의 할머니 집에 도착했을 때 저녁 6시 정도가 되었지만 그래도 그 때까지 날이 환했다. 나는 듀위의 할머니가 현관에서 우리를 맞이해주면서 따뜻하고 포근한 집안으로 들어오라고 했던 것이 지금도 머리에 또렷하게 기억난다. 우리는 거실에 있는 편안한 소파에 앉았고, 할머니는 우리에게 레모네이드와 쿠키를 갖다 주었다. 할머니와 할아버지는 우리 가까이 앉았다. 듀위 할아버지는 의자에 앉아 우리와 이런저런 이야기를 나누었다. 우리는 우리가 왜 거기에 갔는지 생각이 나기 전까지 시원한 바람을 쐬고 있었다.

그러다가 듀위는 "예수 그리스도가 누구죠?"라고 할머니와 할아버지에게 물어보았다. 그때 두 분은 약간 주춤하는 것 같았다. 그들은 내가 듀위의 뒤를 이어 "성경에는 어떤 것이 적혀 있어요? 기도

하면 정말 이루어지나요? 하늘나라가 정말 있나요? 지옥은요? 정말 지옥이 있나요?"라고 약간은 가벼운 질문들을 연이어 했을 때 더 놀라는 것 같았다.

저녁식사 후에는 분위기가 좀 더 진지하게 바꾸어졌다. 그 친절하고 배려심 많은 분들은 영적인 것들에 관한 우리의 순진한 질문에 마음이 움직였다. 그들은 우리가 우리 나름대로의 생각과 어려움을 말할 때 인내심 있게 우리의 말을 들어주었다. 그 때를 다시 되돌아보면 듀위의 할아버지와 할머니가 무슨 말을 해주었는지는 거의 기억나는 것이 없지만, 할아버지가 했던 말보다 할아버지의 제스처들이 더 내게 와 닿았다. 그리고 지금도 그 제스처들이 생생하게 기억난다. 다정한 할아버지는 의자 옆 테이블 위의 낡은 성경책을 집어 들었다. 할아버지는 그 성경책을 펼치고 한 장 한 장 넘기면서 우리에게 우리의 질문에 맞는 말씀들을 읽어주었다. 할아버지와 할머니는 하나님과 성경에 대해 알고 있는 대로 우리에게 답해주셨다. 한두 시간 이야기를 나눈 후에 할아버지와 할머니는 우리와 함께 기도를 했다.

날이 어두워져 집으로 돌아오는 길에 듀위와 나는 우리가 방금 전에 들었던 진리의 씨가 우리의 어린마음에 뿌려졌다는 것을 알지 못한 채 그 진리에 대해 말하고 또 깊이 생각해 보았다. 그 씨앗들은 약 15년 후에 내가 하나님을 영접하게 됨으로써 내 안에서 열매를 맺었다. (불행히도 나는 듀위와 연락이 오래 전에 끊어졌다. 그러나 나는 그의 마음에 뿌려진 그 씨가 그의 인생에도 뿌리를 잘 내리고 있기를 기도한다)

왜 우리는 삶과 죽음에 대한 답을 얻으려고 듀위의 할머니 집에를

갔을까? 듀위는 할아버지 할머니가 성경을 귀하게 여기고 하나님을 경외한다는 것을 알고 있었다. 혼란스럽고, 슬프고 인생에서 뭔가를 찾고 있던 그때, 나는 성경이 무엇을 해줄 수 있는지를 얼핏 볼 수 있었다. 성경은 나에게 위로를 주었고, 지혜를 주었고, 갈 길을 보여 주었다. 성경은 슬플 때나 기쁠 때나 우리가 가장 먼저 찾아갈 수 있는 곳이다.

그로부터 오랜 세월이 흐른 후 내게 가장 또렷하게 기억나는 것은 할아버지가 성경을 들어서 무릎 위에 올려놓고 우리와 이야기를 나누던 모습이다. 그 제스처는 이렇게 말하고 있었다. "이 책에서 너희들은 가장 의미심장한 인생의 질문에 대한 답을 찾게 될 것이다. 너희들은 성경 안에서 마음의 상처를 치유하는 능력을 발견하게 될 것이다. 너희들은 성경에서 슬픔 중에 위로와 힘을 얻게 될 것이다."

나는 성경을 사랑하고 귀하게 여기는 마음을 갖도록 해준 어린 시절의 경험에 감사한다. 그리고 나중에 더 커서 경험한 것들에 대해서도 감사한다. 비록 방황하던 시절에는 하나님과 하나님의 말씀을 거부하기는 했지만 성경은 놀라운 보물이라는 것을 내 마음속 깊은 곳에 어렴풋이 느끼고 있었다. 때가 되자, 마음속 깊이 아주 미미한 움직임만 하던 것이 성경에 대한 확신과 사랑으로 완전히 날개를 펴고 날 수 있을 정도로 자랐다.

나는 당신이 내가 앞에서 했던 모든 말들을 성경에 대한 당신의 패러다임을 살펴보라는 말로 받아들이기를 바란다. 만약 당신에게 성경을 짐을 지우고 요구만 하는 책으로 생각하는 마음이 조금이라도 있다면 나는 생각을 바꾸라고 말하고 싶다. 성경에는 우리의 마음을 끄는 풍미가 있으며 또 성경은 우리가 누릴 수 있는 특권이다.

만약 당신이 성경읽기에 자신의 시간, 지식, 창의성을 투자하면 당신은 삶의 모든 영역에서 엄청난 배당금을 타게 될 것이다.

4

방향 점검

성경은 위대한 삶을 위한 "사용자 매뉴얼"이다.

"우리는 하나님의 말씀이 부실해서 지혜가 부족한 것이 아니라
이미 말씀을 제대로 보지 않았기 때문에 부족한 것이다.
우리에게 필요한 것은 더 많은 지식이 아니라
예수 그리스도를 통해 이미 드러내 보여주신 진리를 볼 수 있는 눈이다."

유진 피터슨(Eugene Peterson)

◆◇◆◇◆

당신은 텔레비전을 처음 산 후 리모트컨트롤을 어떻게 사용하는지 몰라서 애를 먹은 적이 있는가? 나는 케이블 회사로 전화를 해서 "리모트컨트롤을 어떻게 사용해야 되죠?"라는 질문을 일 년에 한두 번은 하는 것 같다. 예외 없이 수화기 반대편에서는 "맥킨토시 씨, 사용지침서를 읽어보셨나요?"라는 전문기술자의 음성이 들려온다.

당신도 아마 나와 비슷할 것이다. 당신은 사용자 매뉴얼을 실제로 읽어보지 않거나 아니면 읽는다 해도 어떻게 하라는 말인지 알아들을 수가 없을 것이다. 아마도 당신이 가지고 있는 가전제품, 기계장치, 소형기계 등에 대한 사용지침서를 읽어보는 것만큼 짜증나는 일도 없을 것이다.

나는 연구실에서 연구를 하던 시절 사용자 매뉴얼을 사용하지 않는 교수 그룹을 알게 되었다. 그 엔지니어링 회사의 리셉션데스크에는 "진정한 기술자는 사용자 매뉴얼을 읽지 않는다. 참고 자료를 의지하는 것은 풋내기이고 겁쟁이라는 표시이다"라는 글이 적혀 있었다.

기술자들은 아마도 이 사회에서 매뉴얼 없이 기계장치를 사용할 수 있는 유일한 사람들일 것이다. 기술자들을 제외한 나머지 우리와 같은 사람들은 모든 버튼들, 반짝거리는 라이트들, 전기장치들을 사용하는데 부담을 느끼며 그런 것들을 이해하려면 도움이 필요하다.

우리에게는 전기장치들을 다루면서 애먹을 때보다 훨씬 더 절실하게 도움이 필요할 때가 있다. 그것은 우리는 인생을 살아가면서 또는 인생에서 문제를 만날 때 도움이 필요하다. 우리는 자유의지와 인생의 목적을 부여받은 피조물이기 때문에 우리의 능력을 최적으로 발휘할 수 있도록 해주는 우리의 기능에 대한 자세한 설명이 나와 있는 지침서가 있을 것이다. 나는 성경이 그런 책이라고 말하고 싶다. 성경을 항상 가까이 하라. 그렇게 하면 당신과 나는 잠재력을 극대화하면서 살 수 있을 것이다. 만약 내가 성경에 새로운 제목을 붙인다면 그것은 다음과 같은 것이 될 것이다.

인생 : 사용자 매뉴얼
지금 이 순간에,
그리고 언제 어디서나 사용할 수 있는
당신을 위한 전통적인, 그리고 검증된 지침서

내가 앞 장에서 말했던 것처럼 성경은 '하라', 그리고 '하지 말라'로 가득한 두꺼운 학술서적이 아니다. 성경은 이야기들, 서신들, 시들, 그리고 어떻게 건강한 관계를 유지하고, 어떻게 마음의 평화를 누리며, 어떻게 당신이 직장에서 최고의 역량을 발휘할 것이며, 어떻게 인생의 목적과 의미를 깨닫고, 어떻게 더 장수하며 더 번영할 것인가에 대한 실제적인 조언들로 가득하다. 나는 작가인 마크 뷰캐넌(Mark Buchanan)의 다음과 같은 말에 동감한다.

"성경은 깊은 생각을 요구하는 철학책이 아니다. 성경은 오히려 매뉴얼에 더 가깝다. 당신은 카약(에스키모인이 사용하는 수렵용 작은 배)에 대해 깊이 묵상해보기 위해 카약 사용 지침서를 읽지는 않는다. 당신은 카약을 타는 방법을 배우기 위해 카약 사용 지침서를 읽는다.

하나님의 호흡이 담겨있고, 하나님의 말씀 한마디 한마디가 적혀있는 책은 매우 유용하다. 그러면 어디에 유용하단 말인가? 하늘이 무너져 내리지 않게 하기 위해서? 아니다. 고대 중동지역의 언어들, 관습들, 문화들을 연구하기 위해서? 글쎄, 아마 그럴 수도 있을 것이다. 그러나 사도 바울은 그렇게 생각하지 않았다. 특정 신학이론 체계를 지지하고 옹호하기 위해서인가? 여기에도 우리는 물음표를 찍을 수밖에 없다. 성경은 다음과 같은 것에 유용하다. 성경은 당신이 이 타락한 세상에서 의의 길을 걷고, 선한 일들과 하나님의 일을 할 수 있는 사람이 되도록 훈련하는데 유용하다." [1]

내가 성경을 '사용자 매뉴얼'이라고 지칭하는 것을 잘 이해하기 바란다. '사용자 매뉴얼'이라는 말에서 내가 말하려는 것은 성경이 단지 실용적이고, 실제적이고, 방법상의 것만을 다루는 책이라는 것이 아니다. 성경은 신비와 불가해한 것들로 가득한 신성하며, 거룩한 책이다. 만약 당신이 삶과 죽음, 그리고 영원성과 관련된 복합적인 것들에 대해 깊이 생각하기를 좋아하는 사람이라면 당신은 당신의 평생에 가치 있는 자료들을 성경에서 찾을 수 있을 것이다. 그러나 우리 모두는 매일의 인생의 어려움들 속에서 가끔씩은 또는 지속적으로 도움이 필요하다. 성경은 우리가 겪는 모든 문제들에 대해 지혜와 방향을 제시해준다.

'누가 방향이 필요하데?' 라는 말은 코미디언, 영화시나리오 작가들, 개그맨들이 낯선 지역에서 길을 잃어버려 같은 곳을 뱅뱅 맴돌다가 바짝 약이 오른 운전자가 생명이 일각을 다투는 절박한 상황인데도 불구하고 툭 던지는 말로 주로 쓰는 말이다. 그 운전자 외에도 그의 아내는 눈동자를 아래위로 굴리며 드라마틱하게 백 번은 넘게 "제발 좀, 차를 세우고 다른 사람에게 길이 어떻게 되는지 좀 물어봐요!"라고 말한다.

이것은 재정관리, 자녀양육, 인간관계 등에서 일어나는 우리의 실상이다. 우리에게는 지침과 방향이 필요하다. 그 이유는 무엇인가? 그 이유는 우리는 전부 완벽과는 거리가 멀며 이 지구에 살고 있는 사람들이라면 누구나 약점이 있기 마련이기 때문이다. 인류에게는 명백한 약점이 있다. 그 약점은 우리의 능력을 100퍼센트 발휘하지 못하게 우리에게 기능장애를 일으킨다. 이러한 약점은 남녀노소를 불문하고 아시아인, 유럽인, 라틴인 등 전 세계 누구에게나 있다. 이 약점을 성경에서는 죄라고 부른다. 그리고 죄는 사람을 하나님으로부터 멀어지게 하며 여러 면에서 삶을 엉망으로 만든다.

사도 바울은 "영원한 도시" 로마에 살고 있던 성도들에게 말했다. 고대 사회에서 절대무적의 힘으로 유명했던 로마는 죄에 깊이 빠져 있었다. 바울은 죄가 사람들의 잠재력을 좀먹는다는 것을 알고 있었다. "모든 사람이 죄를 범하였으매 하나님의 영광에 이르지 못하더니"(롬 3:23, KJV)

성경에서는 인류가 타락했다고 공개적으로 선언하고 있기 때문에 우리는 그 답을 찾기 위해 다른 것에 의지해야 한다. 성경은 진리를 말해주고, 진리를 교훈하며, 진리를 전하는 책으로써 우리가 전적으로 신뢰할만한 책이다. 우리의 삶에 질서를 바로 잡기 위해 창조주의 도움을 구하는 것은 결코 우리가 약한 존재라는 표시가 아니다. 오히려 하나님 편에서 볼 때 하나님의 자녀들이 하나님에게 "전문적인 도움"을 구하는 것은 그 사람의 내면의 힘의 표현이다.

인간의 교만은 때로는 아주 포착하기 힘들다. 그리고 교만은 우리가 그 존재를 미처 깨닫기도 전에 우리의 인생과 가족을 파괴한다. 교만은 우리에게 약한 자들만이 하나님과 종교를 지팡이처럼 의지하는 것이라는 생각을 심으면서 진리를 찾지 못하게 방해한다. 그와는 반대로 나의 경우에는 하나님은 나의 지팡이가 아니다. 하나님은 나를 돌보시는 완전하고 강력한 처소이시다. 나는 하나님이 없이는 하루도 살 수 없다.

성경은 우리가 어떤 문제를 당하든지 우리를 인도해 줄 것이다. 우리가 하나님이 우리에게 주신 사용자 매뉴얼을 잘 사용하기만 하면 말이다. 성경에 나와 있는 인류에 관련된 주제들은 말 그대로 수백 가지가 넘지만 여기에서 우리는 우리를 만족스럽고 풍성한 삶으로 인도해 줄 수 있는 몇 가지들만 살펴보자.

감정적, 정식적인 건강

성경에는 평화, 평온, 기쁨, 즐거움, 쉼, 고요함 등과 같은 말들이 많이 나온다. 그것은 하나님의 책이 감정적인, 그리고 정신적인 행복으로 우리를 안내해주는 최고의 참고서라는 생각이 들게 한다. 나는 아주 통찰력이 있고 완벽한 심리학 교제들이 성경에는 정신적으로 건강하지 못하다고 여겨지는 점들이 실려 있다고 말하는 것을 들어 본 적이 없다. 바나 리서치 그룹(Bana Research Group)에서는 오히려 다음과 같은 사실을 보고하고 있다.

* 성경을 읽지 않는 사람들의 58%가 자기 자신을 "마음이 평화롭다"고 언급한 반면, 성경을 읽는 사람들의 82%가 자기 자신을 "마음이 평화롭다"고 언급했다.
* 성경을 읽지 않는 사람들의 67%가 자신들을 대체로 "행복하다"고 느낀 반면, 성경을 읽는 사람들의 78%가 자신들을 대체로 "행복하다"고 느낀다고 말했다.
* 성경을 읽지 않는 사람들의 44%가 "기쁨이 넘친다"고 말한 반면, 성경을 읽는 사람들의 68%가 "기쁨이 넘친다"고 말했다.[2]

물론 우리는 세상을 살아가면서 우울, 분노, 염려 등의 감정적인 어려움을 겪기도 한다. 이 세상에 얼마나 많은 사람들이 스트레스를 받고 있으며 마음에 고통을 받고 있는지를 보면 정말 놀라지 않을 수 없다. 이 많은 사람들이 심리치료, 주변에 도움을 주는 그룹들, 책들을 통해 도움과 치유를 받고 있다. 그것은 정말 좋은 일이다. 그러나 나는 어떤 것이든지 우리를 괴롭게 하는 것들을 치유할 수 있는 최고의 치유방법은 하나님과 하나님의 말씀 앞에 나아오는 것이라고 믿는다.

심리학, 정신병원, 심리치료 센터 그 외에 각종의 심리 프로그램들이 존재하기 훨씬 전에 성경의 완전하고 굳건한 진리가 존재했다. 성경에 나오는 원리들과 지침들은 우리를 온전하게 하며 건강하게 해준다. 예를 들면,

* 스트레스를 줄이라.

"또 너희에게 명한 것 같이 종용하여 자기 일을 하고 너희 손으로 일하기를 힘쓰라 이는 외인을 대하여 단정히 행하고 또한 아무 궁핍함이 없게 하려 함이라"(살전 4:11~12)

* 염려를 내려놓아라.

"그러므로 내가 너희에게 이르노니 목숨을 위하여 무엇을 먹을까 무엇을 마실까 몸을 위하여 무엇을 입을까 염려하지 말라 목숨이 음식보다 중하지 아니하며 몸이 의복보다 중하지 아니하냐 공중의 새를 보라 심지도 않고 거두지도 않고 창고에 모아들이지도 아니하되 너희 천부께서 기르시나니 너희는 이것들보다 귀하지 아니하냐 너희 중에 누가 염려함으로 그 키를 한 자나 더할 수 있느냐"(마 6:25~27)

* 좋은 관계를 맺으라.

"할 수 있거든 너희로서는 모든 사람으로 더불어 평화하라"(롬 12:18) "모든 사람으로 더불어 화평함과 거룩함을 좇으라 이것이 없이는 아무도 주를 보지 못하리라"(히 12:14)

* 당신의 어려움에 대해 말하라.

"이러므로 너희 죄를 서로 고하며 병 낫기를 위하여 서로 기도하라 의인의 간구는 역사하는 힘이 많으니라"(약 5:16)

* 서로 도움을 주고받을 수 있는 통로를 찾으라.

"서로 돌아보아 사랑과 선행을 격려하며 모이기를 폐하는 어떤 사람들의 습관과 같이 하지 말고 오직 권하여 그날이 가까움을 볼수록 더욱 그리하자"(히 10:24~25)

거의 모든 심리학자들과 정신건강 전문가들이 이 내용을 검증된 조언들이라고 분명하게 말한다. 오랜 세월동안 인간의 행동을 연구한 하버드대학 심리학자 로버트 콜스(Robert Coles)는 다음과 같이 말했다.

"인간의 기질에 관해 내가 연구한 것 중에 그 어떤 것도 이사야, 예레미야, 아모스와 같은 히브리 선지자들에게 배운 것들과 전도서, 예수님 또는 예수님으로 인해 삶이 변화된 사람들에게서 배운 것과 대치되는 내용은 없다. 인간행동에 대한 나의 연구 결과는 구약과 신약성경에 대한 보충설명을 한 것에 불과하다."[3]

성경의 저자들은 우리가 성경을 읽을 때 우리의 삶이 깨끗하게 된다고 말하고 있다. 시편 저자는 "청년이 무엇으로 그 행실을 깨끗케 하리이까 주의 말씀을 따라 삼갈 것이니이다"(시 119:9, NKJV)라고 말했다. 그 "깨끗하게"라는 말은 에베소서 말씀에도 등장한다. "남편들아 아내 사랑하기를 그리스도께서 교회를 사랑하시고 위하여 자신을 주심같이 하라 이는 곧 물로 씻어 말씀으로 깨끗하게 하사 거룩하게 하시고"(엡 5:25~26)

하나님은 성경을 통해 우리가 깨끗하게 될 수 있도록 처방을 받게 해준다. 우리의 마음, 영혼의 지저분한 것들과 먼지를 깨끗하게 청소하는데 있어서 매일 성경을 가까이 하는 것보다 더 좋은 방법은 없다.

존재의 중요성

지구상의 모든 사람들은 가치 있는 사람으로, 중요한 사람으로 대접받기를 원한다. 그러나 많은 사람들이 속으로 '내가 이 땅에 존재하고 안하고가 정말 중요한 문제가 될까? 내가 존재한다는 것이 과연 세상에 얼마나 큰 의미를 줄까? 내가 이 세상에서 사라진다고 해도 마음 아파할 사람이 몇 명이나 될까?' 라는 질문을 한다.

성경은 이러한 질문들에 대해 분명한 답을 해준다. 시편 저자는 "하나님이여 주의 생각이 내게 어찌 그리 보배로우신지요 그 수가 어찌 그리 많은지요 내가 세려고 할지라도 그 수가 모래보다 많도소이다 내가 깰 때에도 오히려 주와 함께 있나이다" (시 139:17~18) 라고 말하고 있다. 두말할 것도 없이 이 말씀은 내가 가장 좋아하는 성경말씀 중에 하나이다. 내가 이 말씀을 좋아하는 이유는 나는 나 자신에 대해 부정적으로 생각할 때가 있지만, 그러나 하나님은 나를 존귀하게 생각해주시기 때문에 나도 나 자신을 거듭 소중하게 생각할 수 있게 되기 때문이다.

나는 일반인들이 과학자에게 질문을 할 수 있도록 정부가 운영하는 웹사이트에 들어가 본적이 있었다. 그때 나는 그 질문들 중에 위에서 언급한 시편 말씀을 생각나게 하는 질문을 발견할 수가 있었다.

"만약 모든 별(항성)들이 수백만 개의 모래알들이 있는 지구와 같은 행성을 가지고 있다면 항성들보다 모래알들이 더 많겠네요. 우리의 은하계에 있는 별들의 수는 눈에 보이는 것만 해도 약 천억 또는 10^{11}이다. 지구상에 있는 모래알의 수는 아마도 10^{20}에서 10^{24}사이가 될 것이다. 그러므로 지구상의 모래알 수는 은하계의 별들의 수보다 훨씬 많다.

그러나 은하계는 우리가 눈으로 볼 수 있는 우주의 천억 분의 일밖에 되지 않는다. 따라서 우리가 알기로 별들의 총 합계는 약 10^{22}이다. 따라서 별들의 수는 대충 지구의 모래알 수만큼 많다고 볼 수 있다. 물론 이 수치들은 우리의 상상을 초월하는 것이다."[4]

와! 하나님이 우리를 얼마나 사랑하는지 도저히 믿을 수 없을 정도이다. 이것은 정말 놀라운 일이다. 하님이 당신을 위해 마음에 두고 계시는 소중한 생각들을 접할 때 당신은 시편 저자처럼 "그 수가 모래보다 많도소이다!"라고 외칠 수밖에 없을 것이다.

당신은 인생의 의미를 두고 고민하는 사람인가? 만약 당신이 이 세상에 존재하는 수백만 명중 하나로서 당신은 자신이 과연 중요하고 가치 있는 존재인지를 생각해본 적이 있는가? 나는 때때로 그런 질문들로 고민해본 적이 있다. 그리고 그럴 때마다 나는 나의 사용자 매뉴얼을 들춰보았고 위에서 언급했던 그 시편을 보았다. 좀 더 분명한 답이 필요할 때는 로마서를 읽어보았다.

"내가 확신하노니 사망이나 생명이나 천사들이나 권세자들이나 현재 일이나 장래 일이나 능력이나 높음이나 깊음이나 다른 아무 피조물이라도 우리를 우리 주 그리스도 예수 안에 있는 하나님의 사랑에서 끊을 수 없으리라"(롬 8:38~39)

당신은 중요한 사람이다. 당신의 인생에는 깊은 의미가 담겨있다. 당신은 엄청난 사랑을 받고 있다. 이에 대한 말들이 바로 성경에 적혀 있다.

훌륭한 재정적인 조언들

돈이 영적인 문제가 아니라고 생각하는 사람들이 많이 있다. 그들은 돈을 버는 것이 세상에 동조하는 것이라고 생각하고, 매일매일 삶을 지탱하기 위한 필요악이라고 생각한다. 그러나 예수님은 다른 것들에 대해서보다 돈에 대해서 말을 더 많이 하셨다. 예수님은 돈을 다루는 우리의 방법은 탐심과 자비심, 만족과 욕심, 자족과 하나님을 향한 신뢰 등 그 뒤에 숨겨진 보다 실제적인 문제들에 대한 증상에 불과하다는 것을 알고 있었다.

물론 현대 서구사회에서는 거대한 규모의 사업이 돈을 벌고, 돈을 관리하며, 돈을 조종하는 일을 하고 있다. 거의 모든 사람들이 돈을 지혜롭게 사용하기를 바란다. 성경은 우리에게 돈 관리에 대한 원리를 제시해주고 있으며, 더욱 중요한 것은 돈에 대한 우리의 태도를 관리하는 것에 대해 말해주고 있다는 것이다. 몇 가지 예를 들면,

빚을 지지 말라. 빚을 지면 우리에게 채무가 생긴다. - 따라서 빚을 지면 우리는 돈을 빌려준 사람이나 돈을 빌려준 기관의 노예가 된다. 우리는 융통성과 자유에 많은 제한을 받게 되며 신용카드의

빚을 어떻게 갚을 것인지, 주택대출금을 어떻게 갚을 것인지, 또 그 외에 다른 빚들을 어떻게 갚을 것인지 염려에 빠진다. 잠언에는 "부자는 가난한 자를 주관하고 빚진 자는 채주의 종이 되느니라"(잠 22:7)고 기록되어 있다.

별도의 여유 자금을 확보해두는 것은 사려 깊은 것이다. 돈을 저축하면 빚을 지지 않고도 만일의 일에 대비할 수 있다. 그리고 우리가 얻은 여분의 수익을 다른 사람들과 함께 나눌 수 있다(당신에게 돈이 없다면 당신은 그렇게 할 수가 없다). 돈을 저축해두는 것은 바람직한 일이다. "지혜 있는 자의 집에는 귀한 보배와 기름이 있으나 미련한 자는 이것을 다 삼켜 버리느니라"(잠 21:20)

게으른 것보다는 부지런한 것이 더 낫다. 때로 사람들은 불운한 상황을 만나서 또는 피할 수 없는 인생의 위기로 인해 재정적인 문제에 빠지게 된다. 또 때로는 게으름 때문에 재정적인 문제에 빠지기도 한다. "모든 수고에는 이익이 있어도 입술의 말은 궁핍을 이룰 뿐이니라"(잠 14:23)

대박을 터트릴 궁리를 하지 말고 근면하고 성실하게 일하라. 대박을 터트리게 해주겠다고 약속을 남발하는 프로그램이나 재정플랜에는 끝이 없다. 문제는 대부분 그런 프로그램이나 계획들이 그대로 이루어지지 않는다는 것이다. 그런 것들은 잊어버리고 대신 이 말에 귀를 기울이라. "자기의 토지를 경작하는 자는 먹을 것이 많으려니와 방탕을 좇는 자는 궁핍함이 많으리라"(잠 28:19)

궁극적으로 우리의 모든 소유는 하나님에게로부터 온다. 사도 요한이 말한 바와 같이 "만일 하늘에서 주신바 아니면 사람이 아무것도 받을 수 없느니라"(요 3:27) 모든 것이 하나님께 속해 있기 때문에 우리는 하나님이 우리의 모든 필요들을 채우신다는 것을 믿을 수 있다. "나의 하나님이 그리스도 예수 안에서 영광 가운데 그 풍성한 대로 너희 모든 쓸 것을 채우시리라" (빌 4:19)

성경은 당신이 주식 포트폴리오를 어떻게 다각화 할 것인지, 또는 당신의 기업연금을 어떻게 관리하는지에 대해서까지 구체적으로 조언을 해주지는 않는다. 그러나 당신이 마음에 재정적인 안정을 얻을 수 있도록 모든 것들을 충분히 말해주고 있다. 이것은 성경에서 우리가 찾을 수 있는 실생활의 지혜들이며 우리의 삶을 풍성하고 풍요롭게 해주기 위한 지혜들이다.

모험을 위한 지침서

나는 기독교 신앙에 대해 알아보려는 사람들과 만나서 대화를 나눠보는 특권을 많이 누렸다. 그들은 기독교 신앙이 무엇인지, 그리고 그것이 자신들의 일생을 투자할만한 것인지를 알아보고 있었다. 그들이 말하는 것은 다음과 같다. "기독교는 들어보면 좋은 것 같고 또 도움도 되는 것 같아요. 그리고 당신이 그렇게 해서 도움을 많이 받았다면 다행스러운 일이죠. 그러나 나에게는 뭔가 모험적이고 행동할 수 있는 것이 필요해요. 나는 뭔가 신나고 흥분되는 것을 원해요. 나는 매주 일요일마다 그냥 교회 의자에 내내 앉아있거나, 성경공부 반에 가서 성경공부를 하거나, 찬송가를 부르는 것은 할 수가 없을 것 같아요."

그들의 눈에는 크리스천으로 사는 것이 마치 수도사처럼 사는 것처럼 보이는 점이 없지 않아 있는 것 같다. 촛불 아래서 몇 시간 동안이나 명상에 잠기고, 하루에 여섯 번씩 거룩한 기도문을 낭독하고, 침묵 속에서 식사를 하는 것 같은 삶 말이다. 나는 그런 말을 하는 사람들에게 때로 내 자신의 경험을 들려준다. 내가 하나님의 사랑을 전하기 위해 외국에 가봤던 것, 내가 목격했던 기적들, 내가 만났던 놀라운 사람들(인디아나 존스처럼 용감하고 행동력이 있는 그런 사람들)에 관한 이야기를 들려준다.

어떤 때에는 나는 그저 "꼭 성경책 한 번 읽어보세요. 만약 정말 모험을 하고 싶고 몸을 움직여서 뭔가 하고 싶다면 성경책을 읽어보세요"라고 말한다. 하나님은 우리가 모험으로 가득하고 거기서 만족을 누리는 삶을 살기를 원하신다. 하나님의 말씀은 우리가 어떻게 그런 인생을 살 수 있는지에 대해 말해주고 있다.

미국의 위대한 목사들과 성경을 가르치는 선생들 중에는 레이 C. 스테드맨(Ray C. Stedman)이라는 사람이 있다. 레이는 진정으로 성경공부의 힘을 믿으며, 그의 교회인 캘리포니아 주 팔로 알토(Palo Alto)에 소재한 팔로 알토 바이블교회(Palp Alto Bible Church)에서도 그렇게 가르치고 있는 사역자이다. 수년 동안 그는 매주 주일저녁이면 '성경을 통한 모험'이라는 제목 하에 성경공부를 가르쳤다. 스테드맨이 그 성경공부 시리즈에 붙인 제목은 적절한 것이다. 왜냐하면 성경에는 모험에 얽힌 여러 이야기들이 많이 있기 때문이다. 그런 이야기들에서 발견한 것을 기초로 믿음의 삶을 사는 것을 한번 도전해보라.

만약 그것이 당신이 기대하던 인생의 신나는 모험이라는 생각이 든다면, 하나님이 당신을 통해 놀라운 일을 하시도록 기도하라. 만약 정말 당신이 하나님이 원하시는 곳으로 기꺼이 가고 또 하나님이 원하시는 일을 기꺼이 할 마음이 있다면, 행동으로 들어갈 준비를 하라. 안전벨트를 단단히 매라. 아주 빨리 굴곡이 많은 길을 달리게 될 것이다! 성경에 나와 있는 인물들 중에 삶을 하나님께 드린 사람들을 살펴보라. 히브리서 11장을 읽어보라. 그들의 모험은 할리우드의 어떤 영화보다도 더 머리카락이 쭈뼛 서게 만든다. 히브리서 저자는 다음과 같이 간략하게 줄여서 그들에 대해 언급하고 있다.

"내가 무슨 말을 더 하리요 기드온, 바락, 삼손, 입다와 다윗과 사무엘과 및 선지자들의 일을 말하려면 내게 시간이 부족하리로다 저희가 믿음으로 나라들을 이기기도 하며 의를 행하기도 하며 약속을 받기도 하며 사자들의 입을 막기도 하며 불의 세력을 멸하기도 하며 칼날을 피하기도 하며 연약한 가운데서 강하게 되기도 하며 전쟁에 용맹되어 이방 사람들의 진을 물리치기도 하며"(히 11:32~34)

나는 예상가능하고 단조로운 삶을 살고 싶지 않다. 나는 세상 모든 사람들을 사랑하고 돕고 구원하려는 하나님의 열렬한 계획에 동참하기를 원한다. 당신은 어떠한가? 나는 성경책을 읽고 그 안에 기록된 드라마에 완전히 매료될 것인지 어떤지 확인해 볼 것을 당신에게 권한다.

작동이 멈출 때…

미시간 주의 홀랜드의 팀 퀸(Tim Quinn) 목사는 어려움에 직면

하게 되었다. 그의 낡은 맥킨토시 노트북에 맥 바이블 소프트웨어가 작동되지 않았다. 몇 시간 동안 이것저것 손을 써봤지만 아무 소용이 없었다. 그의 아내는 소프트웨어 회사에 전화를 해서 도움을 받으라고 했다. 그러나 그는 그렇게 하지 않고 계속 이리저리 할 수 있는 모든 방도를 써보았다. 그러나 별 뾰족한 수가 없었다. 그리고 그는 그 다음에 일이 어떻게 되었는지를 다음과 같이 말해주었다.

"그날 아침 나는 이런저런 수를 다 써본 후 마침내 혼자서 어떻게 해보려던 마음을 포기하고 맥 바이블 회사로 전화를 걸었다. 친절한 목소리가 들렸고, 나는 그 사람이 어떻게 그 문제를 처리해야 하는지를 잘 아는 사람이라는 확신이 들었다. 나는 내가 그 사람이 하라는 대로 잘할 수 있을지 알 수 없었지만 일단 들은 대로 해보겠다고 말했다.

그 사람의 이름은 어디선가 들어본 듯한 이름이었다. 그리고 얼마 지나지 않아 나는 내가 왜 그렇게 느꼈는지를 알 수 있었다. 전화를 받고 있는 사람은 맥 바이블 소프트웨어를 제작한 사람이었다. 그는 나에게 간단한 지침을 알려주었다. 나는 그의 말을 받아쓴 뒤에 전화를 끊었다. 그리고 그가 말 한대로 했을 때 몇 분도 지나지 않아 그 소프트웨어 프로그램은 작동하기 시작했다. 나는 그냥 그 프로그램을 만든 사람에게 물어보기만 하면 되었던 것이다."[5]

팀 목사의 경험은 우리가 지금까지 위에서 다루었던 내용을 더 분명하게 확인해준다. 팀 목사는 계속 말을 이었다.

"우리가 우리 방식대로 문제를 해결하려고 할 때가 얼마나 많습니까? 모든 시도가 다 실패하고 나서야 마침내 우리는 우리를 설계하신 분에게로 갑니다. 우리가 순종할 때 우리는 하나님과 다시 화평하게 되고 하나님이 원래 계획하셨던 대로 기능을 발휘하게 됩니다."

진실로 하나님은 세상 모든 것들을 창조하신 분이며, 우리가 행복하고 건강한 삶을 살 수 있도록 사용자 매뉴얼까지 제공해준 분이시다. 이제 나와 함께 방향을 정하자.

하나님은 나의 지팡이가 아니다. 하나님은 나를 돌보시는 완전하고 강력한 처소이시다.

5

서로 돌보는 공동체

성경은 우리에게 어떻게 풍성한 인간관계를 맺을 수 있는지를 보여준다.

"성경은 우리에게 지식을 더해주려는 것이 아니라
우리의 삶을 변화시키기 위한 책이다."

D. L. 무디(Moody)

◆◇◆◇◆

나는 '참으로 놀라운 삶이 아닌가!(It's a Wonderful Life)' 라는 클래식 크리스마스 영화를 정말 재미있게 보았다. 그 영화는 어느 남자의 베푸는 삶에 대한 것이었다. 빌딩과 금융회사를 소유한 죠지 베일리(George Bailey)라는 남자는 어떠한 역경 속에서도 사람들에 대한 긍휼, 희망, 신뢰를 잃지 않았다. 그런데 어느 날 죠지의 삼촌인 빌리(Billy)가 잠깐 정신을 다른데 팔고 있다가 8천 달러를 잃어버렸다. 죠지는 삼촌의 실수로 인해 감옥에 갈 형편에 처하게 되었고, 그는 차라리 태어나지를 말았더라면 하는 생각까지 하게 되었다. 그는 혹시라도 이 어려움에서 빠져나올 수 있는 길이 없을까 생각했다.

그때 클래런스 오드바디(Clarence Dddbody)라는 천사가 죠지가 태어나지 않았더라면 세상이 어떠했을지 그에게 보여주기 위해 하늘나라에서 내려왔다. 죠지는 그가 노력하지 않았다면 사람들의 삶이 지금보다 훨씬 못했을 것이라는 것을 알게 되었다. 그는 재정적인 재난에도 불구하고 여전히 부자였다. 그것은 그가 일생동안 주변 사람들에게 베푸는 삶을 살았기 때문이었다.

죠지는 실제 세계로 돌아와 그가 살아있다는 것에 감사했다. 법은 잃어버린 8천 달러와 관련하여 죠지를 처벌하려 했지만, 죠지는 자신의 존재 의미와 목적을 알고 기쁨에 넘쳐있었다. 그가 현관문을 열고 집으로 들어오자 은행에서 물건을 압류하는 사람이 와 있었고, 경찰도 그를 기다리고 있었다. 죠지는 아이들을 보고 뛰어가서 키스를 하고 안아주었다. 아내 메리(Mary)에게 사랑의 포옹을 했다.

그는 아내에게 "나에게 어떤 일이 일어났는지 당신은 상상도 못할 거야"라고 말했다.

그러자 아내는 "당신이 없는 동안 어떤 일이 일어났는지 당신은 모를 거예요"라고 답했다.

많은 사람들이 몰려오는 웅성거리는 소리를 들으며 메리는 거실에 장식되어 있는 아름다운 크리스마스트리 앞에 서라고 죠지에게 몸짓을 해보였다. 빌리 삼촌이 현금이 하나 가득 담긴 바구니를 들고 제일 먼저 집으로 들어왔다. 그는 그 돈을 죠지 바로 앞에 있는 테이블에 쏟아 놓았다.

"네가 큰 곤경에 처했다는 말을 메리에게 듣고 사람들이 온 마을을 돌아다니면서 돈을 모았단다." "그들은 아무것도 묻지 않았어. 그저 돕고 싶어 하기만 했어"라고 빌이 설명했다.

그러자 사람들이 거실 가득 모였고 테이블 위에는 돈이 쌓여 있었다. 나이트클럽 주인인 마티니(Martini) 씨는 자동음반기계에 모인 돈을 가지고 왔다. 죠지가 어렸을 때 일한 적이 있었던 약국의 주인 아저씨는 모든 채권들을 가지고 왔다. 죠지의 오랜 친구인 백만장자 샘 웨인라이트(Sam Wainwright)는 부족한 돈이 있으면 전액 보충하겠다는 약속을 전신으로 보내왔다. 전쟁영웅인 죠지의 동생은 죠지에게 축배를 제의하면서 "이 마을에서 가장 부자인 우리 형을 위하여!"라고 말했다.

죠지는 수북이 쌓여있는 돈 위에 놓여 있는 책에 눈이 갔다. 그는 그 책을 열어보았다. 거기에는 그의 수호천사 클래런스가 보낸 선물이 있었다. 거기에는 "친구를 얻는 사람은 결코 인생실패자가 될 수 없다"라는 말이 적혀 있었다.

나는 그 장면에서 죠지의 친구, 가족, 동네사람들이 죠지에게 보여준 사랑과 애정에 무척 감동이 되었다. 죠지는 어려움에 처해 있을 때 그 사람들이 다 몰려와 힘을 합쳐 그를 도와주기 전까지는 그들 각 사람이 그에게 얼마나 소중한지 깨닫지 못했다. 그러다가 죠지는 그 사람들 때문에 그가 인생에서 얼마나 큰 축복을 받았는지 깨닫게 되었다.

이것이 우리가 인생에서 정말 바라는 것 아닌가? 우리를 진정으로 사랑하고 우리에게 관심을 가지고 있는 사람들에게 둘러싸이는 것 말이다. 우리는 전부 친밀한 부부관계, 소중한 친구들, 삶을 함께 나눌 수 있는 끈끈한 사람들과의 교제를 원하지 않는가? 나는 그것을 원한다. 나는 당신도 그것을 원할 것이라고 생각한다. 당신에게 해주고 싶은 말이 한 가지 있다. 그것은 바로 성경에서 말하고 있는 서로 돌아보는 공동체이며 서로를 돕는 친교와 같은 것이다.

하나님은 사람을 지으실 때 우정과 사귐을 즐기는 존재로 만드셨다. 하나님은 우리가 어떻게 그런 우정과 사귐을 이룰 수 있는지에 대해 성경에 기록했다. 그것에 대해 사도 바울은 "형제를 사랑하여 서로 우애하고 존경하기를 서로 먼저 하며 … 소망 중에 즐거워하며 환난 중에 참으며 기도에 항상 힘쓰며 성도들의 쓸 것을 공급하며 손 대접하기를 힘쓰라"(롬 12:10, 12~13)고 말했고, 사도 베드로는 "너희가 진리를 순종함으로 너희 영혼을 깨끗하게 하여 거짓이 없이 형제를 사랑하기에 이르렀으니 마음으로 뜨겁게 피차 사랑하라"(벧전 1:22)고 말했다.

그러나 그것은 결코 쉬운 일이 아니다. 그렇지 않은가? 우리는 전부 행복한 결혼생활을 원하고 친한 친구들과 만나기를 좋아하지만 그런 일은 그리 흔하지 않다. 우리가 살고 있는 이 세상은 매우 차가울 수도 있고 잔인할 수도 있다. 당신이 신문을 펼쳐보면 거기에는 파괴된 인간관계가 온 지면을 장식하고 있다. 인간관계가 파괴되고 위기에 처해있다는 것은 결손가정들과 이혼통계보고만 들어도 쉽게 알 수 있다.

친구들과 함께 어울리는 것보다 세상에서 더 행복한 것이 또 있을까? 가족들이 서로 사랑하고 함께 노력하는 것만큼 세상에서 행복한 것이 있을까? 이웃 간에 서로 돕는 것만큼 행복한 것이 또 있을까? 우리의 삶의 대부분은 관계와 관계로 이루어져있다. 우리에게 가장 소중한 추억들과 경험들은 다른 사람들과 함께 한 것들이다. 만약 당신이 가장 소중한 추억들을 더듬어 본다면 그 추억들에는 반드시 사람들이 포함되어 있다.

성경에는 우정관계와 대립관계, 해결 안 된 인간관계의 충돌들과 성공적으로 해결된 인간관계들 등 사랑과 미움의 이야기들로 가득하다. 성경에 묘사된 풍성한 관계를 삶 속에 이루려면 우리는 열심히 노력해야 하고, 기도해야 하며, 하나님의 지시를 따라야 한다. 그럴 때 우리는 어떤 것이 최선의 판단이며, 어떻게 하는 것이 최선의 행동인지 알게 될 것이다. 건강하고, 행복한 관계를 맺는데 반드시 필요하다고 성경에서 말하는 세 가지 성품을 살펴보자.

겸손의 본을 보이자

우리가 살고 있는 사회는 매우 자기중심적이고 '내가 먼저' 식의 사회이다. 우리는 그런 사회 속에서 살면서 겸손이라는 말에 대해 많이 들어보지 못했다. 기업들은 "좋은 겸손의 본을 보여준 직원에게 상으로 보너스를 주지 않는다." 고등학교 졸업식에서 "가장 겸손한 사람"에게 상을 주는 예는 없다. 겸손하고 자기희생적인 자세는 대개 사람들의 시선을 끌지 못한다. 그러나 이것은 성경에서 계속 반복적으로 언급하고 있는 성품 중에 하나이다. 예수님과 성경의 저자들 중 많은 이들은 우리에게 겸손은 인간관계에서 조화와 연합을 증진시키는데 없어서는 안 될 아주 중요한 것이라고 말해주고 있다. 사도 바울은 "아무 일에든지 다툼이나 허영으로 하지 말고 오직 겸손한 마음으로 각각 자기보다 남을 낫게 여기고 각각 자기 일을 돌아볼 뿐더러 또한 각각 다른 사람들의 일을 돌아보아 나의 기쁨을 충만케 하라"(빌 2:3~4)고 말했다. 사도 바울은 이어 그 말에 설명을 덧붙이고 있다.

"너희 안에 이 마음을 품으라 곧 그리스도 예수의 마음이니 그는 근본 하나님의 본체시나 하나님과 동등 됨을 취할 것으로 여기지 아니하시고 오히려 자기를 비어 종의 형체를 가져 사람들과 같이 되었고 사람의 모양으로 나타나셨으매 자기를 낮추시고 죽기까지 복종하셨으니 곧 십자가에 죽으심이라"(빌 2:5~8)

이러한 종류의 말씀은 순간적으로 나를 깊은 감동에 사로잡히게 한다. 예수님은 당신과 나를 위해 모든 것을 포기하시고 죽기까지 낮아지셨다. 우리를 부르신 뜻은 예수님의 종의 자세와 자기희생의 본을 따르라는 것이다. 우리 중에 소수의 사람들은 다른 사람들을 위해 목숨을 내어놓는 일에 부름을 받기도 하겠지만, 일반적으로 우리는 다른 사람들을 배려하는 것, 친절하게 하는 것, 이타심을 발휘하는 것을 자주 실천하는 것에 대해 생각해볼 수 있다.

나는 내가 살던 곳에서 약 한 시간 정도 가량 떨어진 곳에 위치한 캘리포니아 오션사이드(Oceanside)의 레이크 초등학교(Lake Elementary School)에서 일어났던 아름다운 이야기를 들어 본적이 있다. 알터(Alter) 씨의 반에는 완전히 대머리인 14명의 남자아이들이 있었다. 아이안 오고맨(Ian O' Gorman)이라는 아이는 암으로 인해 화학치료를 받고 있어 머리카락이 다 빠져갔다. 점점 머리 모양이 이상해지는 것을 참지 못하고 그 아이는 머리를 빡빡 밀어버렸기 때문에 창피한 생각에 얼굴을 들지 못하고 있었다. 그런데 며칠 후 아이안이 깜짝 놀랄 일이 벌어졌다. (물론 감사했을 것이다) 그의 반 아이들 열세 명도 아이안처럼 머리를 빡빡 밀어버린 것이다. 그래서 그는 부끄러워하거나 창피해 할 필요가 없어졌다.

그 중에 열한 살 먹은 스코트 세벨리우스(Scott Sebelius)는 "모든 아이들이 머리를 다 밀어버리고 나니까 사람들이 누가누군지 잘 구분을 못해요. 사람들은 누가 암 때문에 머리를 깎았는지, 그냥 머리를 깎았는지 몰라요"라고 말했다.

그 일은 열 살 먹은 킬 한스리크(Kyle Hanslik)가 맨 먼저 시작했다. 그는 다른 아이들에게도 그렇게 하자고 말했고, 얼마 지나지 않아 모든 아이들이 동네 이발소에 가서 머리를 밀었다. 킬은 "아이안은 학교에서 외톨이가 되는 것이 제일 싫었을 거예요. 우리는 아이안이 그런 기분을 느끼지 않게 해주려던 것뿐이었어요"[1] 라고 말했다.

그것은 겸손과 자기희생의 행위였다. "오직 겸손한 마음으로 각각 자기보다 남을 낫게 여기고"라는 말씀에 대한 얼마나 완벽한 실례인가. 우리가 서로를 사랑할 때 우리는 시간, 에너지, 돈, 우리의 품위까지도 희생하게 될 것이다. 그렇게 함으로써 우리는 깊고 의미있는 관계를 맺게 된다.

용서에 초점을 맞추자

지혜의 왕 솔로몬은 이런 말을 한 적이 있다. "허물을 덮어 주는 자는 사랑을 구하는 자요 그것을 거듭 말하는 자는 친한 벗을 이간하는 자니라"(잠 17:9)

당신이 혹시 친구와 관계를 끊으려고 마음먹고 있거나, 또는 관계를 끝내버리고 싶은 사람이 있다면 그 사람에게 무시당했다는 생각이나 그 사람이 좋은 친구가 아니라는 생각을 계속 마음에 품어라.

그러나 만약 당신이 행복한 관계를 유지하고 싶다면 용서의 기술을 배우라.

용서와 관련된 모든 아이디어의 기원은 위대하고 자비로우신 하나님이다. 용서는 하나님이 우리의 관심을 끌기 위해 생각해낸 놀라운 계획이다. 하나님의 아들, 예수 그리스도를 통한 구원의 계획은 사람들이 만들어낼 수 있는 것이 아니다. "하나님이 세상을 이처럼 사랑하사 독생자를 주셨으니 이는 저를 믿는 자마다 멸망치 않고 영생을 얻게 하려 하심이니라"(요 3:16, NKJV)고 말한 사람이 바로 예수님 자신이었다. 예수님은 자신의 죽음을 통해서 당신에게 용서받을 수 있는 길을 열어주신 것이다.

만약 당신이 심문받고, 채찍질 당하고, 매질당하고, 처참하게 십자가에 달려있다고 한번 생각해보라. 당신을 괴롭히고 있는 사람들과 세상 모든 사람들을 향한 당신의 마음이 어떻겠는가? 자비롭거나 사랑하는 마음은 분명 아닐 것이다. 그러나 예수님은 "아버지여 저희를 사하여 주옵소서 자기의 하는 것을 알지 못함이니이다"(눅 23:34, NKJV)라고 말했다. 예수님은 세례 받으실 때에도 이런 말을 하지 않았고, 가나의 혼인잔치에서도 이런 말을 하지 않았다. 예수님은 손과 발이 못 박혀 십자가에 달려 있을 바로 그 때에 이런 용서의 말을 하셨다.

예수님을 역할모델로 삼을 때 우리도 동일한 자세를 가질 수 있다. "누가 뉘게 혐의가 있거든 서로 용납하여 피차 용서하되 주께서 너희를 용서하신 것과 같이 너희도 그리하고 이 모든 것 위에 사랑을 더하라 이는 온전하게 매는 띠니라"(골 3:13~14) 모든 사람들을 용서한다는 것은 쉬운 일이 아니다. 대부분의 경우에 용서는 분명 매우 하기 힘든 것이다. 사도 바울은 사람들을 많이 겪어봤기 때문에 용서의 어려움을 잘 이해하고 있었다. 그의 서신들과 역사적인 기록은 사람들이 바울에게 항상 친절하지 만은 않았다는 것을 잘 보여주고 있다. 그러나 하나님의 사랑으로 말미암아 바울은 그에게 큰 해를 끼친 사람들조차도 용서할 수 있게 되었고 그 경험을 바탕으로 오히려 성장할 수 있었다.

사랑의 다스림을 받자

사도 요한은 예수님의 생애에 대한 그의 기록을 다음과 같은 말로 마무리 짓고 있다. "예수의 행하신 일이 이 외에도 많으니 만일 낱낱이 기록된다면 이 세상이라도 이 기록된 책을 두기에 부족할 줄 아노라"(요 21:25) 다행스럽게도 신약에는 예수님에 관한 (다른 사람들에 관한) 많은 이야기들이 있어서 어떻게 우리가 서로 사랑할 수 있는지를 가르쳐 주고 있다. 예수님은 과부, 어린아이들, 부자, 가난한 자, 군인, 정부관리, 병든 자, 죽어가는 자, 그리고 죽은 자들까지도 사랑했다. 아래에 나와 있는 말씀을 살펴보면서 우리가 어떻게 사랑을 배울 수 있는지를 알아보자.

"예수께서 예루살렘으로 가실 때에 사마리아와 갈릴리 사이로 지나가시다가 한 촌에 들어가시니 문둥병자 열 명이 예수를 만나 멀리 서서 소리를 높여 가로되 예수 선생님이여 우리를 긍휼히 여기소서 하거늘 보시고 가라사대 가서 제사장들에게 너희 몸을 보이라 하셨더니 저희가 가다가 깨끗함을 받은지라 그 중에 하나가 자기의 나은 것을 보고 큰 소리로 하나님께 영광을 돌리며 돌아와 예수의 발아래 엎드리어 사례하니 저는 사마리아인이라 예수께서 대답하여 가라사대 열 사람이 다 깨끗함을 받지 아니하였느냐 그 아홉은 어디 있느냐 이 이방인 외에는 하나님께 영광을 돌리러 돌아온 자가 없느냐 하시고 그에게 이르시되 일어나 가라 네 믿음이 너를 구원하였느니라 하시더라"(눅 17:11~19)

문둥병자가 건강한 사람으로부터 어느 정도 거리를 둬야 하는지에 대해 율법에 구체적으로 기록되어 있는 것은 없다. 권위 있는 출처에 의하면 문둥병자는 건강한 사람과 마주치면 적어도 50야드(약 46미터)는 떨어져야 한다고 한다. 그것은 문둥병 환자들이 그 당시에 소외된 삶을 살았음을 보여준다. 위의 성경 본문에 나오는 문둥병자들이 예수님과 "거리를 두고" 서 있을 때 예수님은 제사장들에게 너희 몸을 보이라고 율법에 적힌 대로 말해주었다. 그들은 가다가 도중에 깨끗함을 받았다. 만약 당신의 몸에서 이 심각한 질병과 흉한 상처들이 즉시로 나았을 때 얼마나 기쁠지 한번 상상해보라. 그 열 명의 문둥병자들이 자기의 몸을 살펴보고 다시 정상인이 되었다는 것을 알게 되었을 때 얼마나 기쁨에 넘쳤겠는가.

사회에서 버림받은 이들의 울부짖음을 들었을 때 예수님의 사랑이 흘러나온 것이다. 예수님의 긍휼이 예수님의 치유의 말씀을 통해 그들에게 나타난 것이다. 그리고 난 뒤 그 문둥병자 열 명 중 한 명이 예수님의 사랑에 감사하려고 예수님에게로 다시 돌아옴으로써 예수님에게 사랑을 표했다. 감사를 표하고 있는 이 문둥병자의 네 가지 태도에 주목하라. 그는 돌아왔고, 큰 소리로 말했고, 예수님의 발아래 엎드렸고, 감사했다. 이것은 사랑이 쌍방으로 흐르는 것을 보여주는 아주 좋은 예이다. 예수님은 질병으로 고통 하는 사람에게 다가가서 그를 치료하셨다. 그 사람은 주님께서 베풀어주신 은혜를 깨닫고 돌아와서 감사를 표했다.

흥미롭게도 예수님은 가던 길을 돌아와서 감사를 표한 그 한 사람이 유대인이 아니란 점을 지적했다. 이 "이방인"이라는 말은 하나님의 은혜가 이 세상 모든 사람들을 위한 선물이라는 것을 상기시켜 준다. 성경은 우리가 어떻게 서로 사랑할 수 있는지, 사랑을 베푸는 것뿐만 아니라 어떻게 사랑을 받는지도 가르쳐 준다. 겸손하게 감사하는 것을 잊지 말자. 그것은 사랑의 관계에 있어서 아주 중요한 부분이다.

행복한 가정을 꾸려가자

결혼생활과 가정생활에 관한 책들이 매년 수백 권씩 출판된다. 이들 중에 어떤 책들은 정말 도움이 되는 것들도 있지만, 어떤 것들은 도움이 되지 않는 것들도 있다. 이런 책들 외에도 세미나, TV 프로그램들, 라디오 쇼들도 배우자들과의 관계, 부모와 자녀들과의 관계에 대한 조언을 쏟아놓고 있다. 이런 정보들은 차고 넘친다.

아내와 나는 몇몇 TV 채널들과 프로그램들을 통해 우리의 결혼생활을 더 돈독하게 하고 자녀를 양육 하는데 있어서 큰 도움을 받았다. 그러나 나는 세상 어떤 책보다 성경을 통해서 가장 영감을 많이 받았고, 실제적인 도움을 받았으며, 깊은 통찰을 할 수 있었다. 성경은 가장 친밀한 인간관계인 가족관계에 필요한 좋은 지침들과 역사적으로 검증된 지혜들을 우리에게 제공해준다. 여기에 그 좋은 예들이 있다.

* "이와 같이 남편들도 자기 아내 사랑하기를 제 몸같이 할지니 자기 아내를 사랑하는 자는 자기를 사랑하는 것이라 누구든지 언제든지 제 육체를 미워하지 않고 오직 양육하여 보호하기를 그리스도께서 교회를 보양함과 같이 하나니"(엡 5:28~29)

* "모든 사람은 혼인을 귀히 여기고 침소를 더럽히지 않게 하라 음행하는 자들과 간음하는 자들을 하나님이 심판하시리라"(히 13:4)

* "또 아비들아 너희 자녀를 노엽게 하지 말고 오직 주의 교양과 훈계로 양육하라"(엡 6:4)

* "누구든지 자기 친족 특히 자기 가족을 돌아보지 아니하면 믿음을 배반한 자요 불신자보다 더 악한 자니라"(딤전 5:8)

* 남편 된 자들아 이와 같이 지식을 따라 너희 아내와 동거하고 저는 더 연약한 그릇이요 또 생명의 은혜를 유업으로 함께 받을 자로 알아 귀히 여기라 이는 너희 기도가 막히지 아니하게 하려 함이라"(벧전 3:7)

가족관계에 관한 모든 성경적인 상담들에 담긴 한 가지 주제는 지극한 사랑, 돌봄, 존중, 공정함으로 서로를 대하라는 것이다. 어떤 심리학자들과 심리치료사들은 성경에 대해 단호하게 반대하기도 하지만, 나는 만약 그들이 결혼, 부모역할에 관련된 성경말씀을 실제로 읽어본다면 그들의 생각이 바뀌지 않을까 생각한다. 상호존중과

상호배려에 근거하지 않는 상담치료계획이라는 것은 있을 수 없다.

내가 크리스천으로서 성경과 사랑에 빠졌던 청년 시절에 많은 친구들이 마약과 각종 난잡한 생활에 빠져 생활하고 있었다. 우리 세대는 베트남 전쟁에 반대하면서 '폭탄 금지'라는 노랫말을 흥얼거리던 시대였고, 마약에 취한 하버드대 심리학교수들이 젊은이들의 잠재력과 세월을 낭비하게 만드는 이론을 퍼트리던 시대였다.

LSD(환각제)를 복용하던 티모시 리어리(Timothy Leary) 박사는 그의 삶의 모토인 "당신은 함께 어울리고 약물에 취함으로써 이 사회를 벗어나야만 한다(Tune in, Turn on, and Drop out)"는 주장을 미국 청년들에게 퍼트렸다. 불행히도 너무나 많은 미국 청년들이 그의 병적인 조언을 받아들였다. 또한 미국의 젊은이들은 교수들로부터 "꽃의 아이(Flower Children)"들(*꽃의 아이들이라고 불린 이들은 공동생활을 지향했고, LSD 같은 약물을 탐닉했으며, 거리낌 없는 프리섹스를 즐겼다. - 번역자 주)이라고 들어왔고, "전쟁을 할 것이 아니라 사랑을 해야 한다"라는 말을 듣고 성장했다.

60년대와 70년대 사이에 가장 황폐화 된 것은 전통적인 결혼과 가족 붕괴였다. 그 반세기에 걸쳐 전통적인 결혼은 개인과 사회 전체에 깊은 상처를 남긴 채 거의 파멸되다시피 했다. 가정과 결혼의 견고한 틀이 과거 몇 십 년 사이에 완전히 붕괴되었다는 사실을 전문가가 아니라도 누구나 알 수 있었다.

이것은 정말 비극이다. 왜냐하면 결혼은 하나님이 정하신 신성한 것이기 때문이다. 결혼은 두 사람이 같은 집에 살고, 함께 휴가를 즐기며, 함께 살림을 꾸려가는 것 이상으로 훨씬 깊은 의미가 있기 때문이다. 남자와 여자가 남은 일생을 함께 하려고 할 때 거기에는 심

원한 영적이고 초자연적인 것이 있다. 결혼은 하나님 앞에서의 서약이다.

가정을 창조하신 하나님은 이 연합을 거룩하고 신성한 것으로 보신다. "말씀하시기를 이러므로 사람이 그 부모를 떠나서 아내에게 합하여 그 둘이 한 몸이 될지니라 하신 것을 읽지 못하였느냐 이러한즉 이제 둘이 아니요 한 몸이니 그러므로 하나님이 짝지어 주신 것을 사람이 나누지 못할지니라 하시니"(마 19:5~6) 우리는 하나님이 원래 의도하셨던 모습대로 가정의 중요성과 가치를 회복시켜야 한다.

진실로 우리 사회가 결혼과 가정의 신성함과 안정성을 회복하기 원한다면, 우리는 결혼과 가정을 창조하신 분에게로 돌아가야 한다. 보다 중요한 것은 우리가 연합된 부부, 행복한 가정생활을 원한다면 하나님의 말씀에 나와 있는 지침, 상담, 격려의 말들을 수용하고 받아들여야 한다.

성경을 지혜의 근원으로 여기자

남부 캐롤라이나 주 스파르탄버그에 살고 있는 제럴드 클라크(Gerald Clark)와 제네바 클라크(Geneva Clark)는 1944년에 결혼해서 지금까지 행복하게 살고 있다. 두 사람의 결혼은 아주 오랜 세월을 함께 해 온 성공적인 결혼이 아닐 수 없다. 그들에게 결혼생활을 잘 유지할 수 있었던 비결에 대해 물어보았을 때 그들은 바로 성경에 대해 말했다. 그들은 구체적으로 예수님의 명령인 "네 이웃을 네 몸과 같이 사랑하라"는 말씀을 언급했다. 그들은 "만약 당신이 예수님께 '누가 네 이웃입니까?' 라고 물어본다면 예수님은 이웃이 많이 있지만 그중에서도 가장 가까운 이웃은 배우자라고 말할 것입니다. 당신의 배우자에게 가장 좋은 이웃이 되세요! 당신의 배우자에게 대접받고 싶은 대로 대접하세요. 존중, 인내, 친절, 겸손, 용서로 말입니다. 당신을 향한 하나님의 바람과 하나님의 명령은 바로 이 말씀 하나로 요약될 수 있습니다"[2] 라고 말했다.

우리는 결혼에 있어서 베테랑급인 이 두 사람에게서 교훈을 얻을 수 있다. 만약 당신이 결혼해서 행복하게 살고 싶다면 성경을 읽어보라. 그리고 성경에서 교훈과 영감을 얻으라. 가족들이 함께 성경을 공부함으로써 성경이 가정을 지켜주는 지지대가 되도록 하라.

'교회 가족'을 우선순위로 삼자

당신은 때로 완전히 혼자라는 느낌이 들 때가 있는가? 당신은 아무도 도와줄 사람이 없는 무인도에 와 있는 것 같은 생각이 들 때가 있는가? 만약 당신이 영화를 즐기는 사람이라면 당신은 '캐스트 어웨이(Cast Away)' 라는 영화를 본 적이 있을 것이다. 영화배우 톰 행크스(Tom Hanks)가 척 놀란드(Chuck Noland)라는 이름의 택배물류회사인 페덱스(FdeEx) 직원으로 열연하는 영화이다.

척은 갑작스럽게 출장을 떠나게 되었는데 도중에 그가 타고 가던 비행기가 바다에 추락하게 되고 겨우 목숨을 건진다. 그러다가 그는 무인도에 갇히는 신세가 된다. 아무도 찾아오는 사람 없는 무인도에서 혼자서 살게 된다. 추락한 비행기에서 몇 가지 물건들이 파도에 밀려 왔는데 거기에는 배구공도 하나 있었다. 척은 대화 상대가 없었기 때문에 그 공에다가 얼굴을 그리고 그 공의 제조업체 이름을 따서 '윌슨(Wilson)' 이라는 이름을 붙인다. 그는 새 친구에게 "이봐, 재미있는 얘기 한번 들어볼래? 내 치과의사 이름은 제임스 스팔딩(James Spalding)이야" 라고 말한다.

몇 달이 지나자 고독과 외로움이 심해진다. 척은 가죽공이 실제 친구를 대신할 수 없다는 것을 깨닫는다. 그는 섬을 빠져나가기 위해 뗏목을 만들 준비를 하면서 윌슨에게 "아마 우리는 여기를 빠져나갈 수 있을 거야. 그런 생각 들지 않니? 음, 어떻게 되든지 상관없어. (답답한 섬에서) 여기서 (멍청이 같은) 배구공에게 이런저런 말을 하면서 내 남은 인생을 보내고 죽느니 차라리 바다로 가는 길을 택하겠어" 라고 쏘아붙인다.

때때로 우리는 소외감을 느끼고 절박한 심정에 빠질 때가 있다. 마귀는 마치 당신이 무인도에 있는 것처럼 외롭다고 느끼도록 만드는 데는 전문가이다. 마귀는 당신이 다른 사람들과 단절되었다는 느낌을 갖도록 해서 당신이 그 외로움을 달래기 위해 악한 무리들이나 잘못된 것들을 좇아가도록 만들고 싶어 한다. 마귀가 주는 생각을 받아들이지 말라. 이 세상의 "윌슨들", 즉 잃어버린 사랑의 관계들로 인한 빈자리를 채워줄 수 있을 것 같은 편리해 보이는 모든 것들은 당신에게 장기적으로는 전혀 도움이 되지 않는다.

당신에게 외로움을 느끼게 만드는 것은 사탄만이 아니다. 우리의 문화도 공범이다. 오늘날에는 사람들과의 관계를 만들고 유지하려면 많은 노력이 필요하다. 그 이유는 우리가 살고 있는 이 사회가 고립을 부추기고 있기 때문이다. 저널리스트인 로라 파파노(Laura Pappano)는 '관계의 갭: 왜 미국인들은 깊은 외로움을 느끼는가

(The Connection Gap: Why Americans Feel So Alone)' 라는 그녀의 저서에서 다음과 같이 말하고 있다.

"사람들은 '공동체' 에 관한 말을 많이 하지만 공동체의 일부라는 느낌을 갖기가 점점 힘들어진다고 불평한다. 사람들은 풍성한 관계를 맺기를 갈망하지만 다른 사람들과 깊은 관계를 맺기를 꺼린다. 우리들 가운데 많은 이들이 친밀한 관계에 목말라 한다. 그러나 결국 우리는 돈을 내고 전문가들을 채용해서 그들을 우리가 하는 말에 귀를 기울이고 우리에게 관심을 가지며 친구가 되어주는 사람으로 삼는다.

우리 사회는 사회 전반에 외로움, 쓸쓸함이 배어있다. 그런 감정은 인간간의 교제활동이 부족해서가 아니다. 그것은 의미 있는 교제가 부족한 탓이다. 우리를 하나로 엮어 줄 수 있는 믿을만한 단체들이 없다고 생각되든지, 아니면 서로 간에 마음과 마음을 연결시켜주는 어떤 것이 빠졌다고 생각되기 때문에 그렇다." [3]

외로움은 우리 사회의 감정적인, 육적인, 영적인 병폐의 가장 큰 원인이라고 볼 수 있다. 그러나 그것은 결코 하나님이 의도한 바가 아니다. 하나님은 우리 각 사람이 풍성하고 열매 맺는 삶을 살기를 바란다. 그리고 그렇게 하기 위해서는 우리가 다른 사람들과 진실하고 지속적인 관계를 맺어야 한다는 것을 하나님은 알고 있다. 현재 우리의 문화와 하나님의 말씀에서 볼 수 있는 초기 크리스천 공동체를 잠깐 비교해서 살펴보자.

"믿는 사람이 다 함께 있어 모든 물건을 서로 통용하고 또 재산과 소유를 팔아 각 사람의 필요를 따라 나눠 주고 날마다 마음을 같이 하여 성전에 모이기를 힘쓰고 집에서 떡을 떼며 기쁨과 순전한 마음으로 음식을 먹고 하나님을 찬미하며 또 온 백성에게 칭송을 받으니 주께서 구원 받는 사람을 날마다 더하게 하시니라"(행 2:44~47)

"믿는 무리가 한 마음과 한 뜻이 되어 모든 물건을 서로 통용하고 제 재물을 조금이라도 제 것이라 하는 이가 하나도 없더라 … 그 중에 핍절한 사람이 없으니 이는 밭과 집 있는 자는 팔아 그 판 것의 값을 가져다가 사도들의 발 앞에 두매 저희가 각 사람의 필요를 따라 나눠 줌이러라"(행 4:32, 34~35)

"마음을 같이 하고" 성도들 가운데 "굶주리거나 가난한 자들이" 없는 공동체를 상상해보라. 21세기 교회는 완전하지 못하며, 우리에게는 공통된 문제들이 있다. 그러나 나는 소속감과 공동체의 의미를 가장 잘 발전시킬 수 있는 곳이 21세기 교회들이라고 생각한다. 공동체는 진정으로 우리가 다른 사람들을 알고 또 다른 사람들이 우리를 알 수 있는 장소이다. 우리는 다른 성도들과 함께 그리스도와 연합할 때 우리를 함께 묶어주는 공동의 목적과 사명을 공유할 수 있게 된다.

히브리서 저자는 공동체의 중요성을 알고 있었다. "서로 돌아보아 사랑과 선행을 격려하며 모이기를 폐하는 어떤 사람들의 습관과 같이 하지 말고 오직 권하여 그날이 가까움을 볼수록 더욱 그리하자" (히 10:24~25) 만약 당신이 이미 교회에, 가정 모임에, 성경공부 모임에 또는 그 외에 다른 모임에 나가고 있다면, 나는 당신이 그 관계를 더 든든하게 하기를 바란다. 만약 당신이 아무 모임에도 나가고 있지 않다면 함께 삶을 공유할 수 있는 건강하고 헌신된 "교회 가족"을 찾는 것을 최고 우선순위로 삼기를 바란다.

좋은 우정을 맺자

책에 실려 있는, 그리고 역사상 가장 아름다운 우정의 예는 나중에 이스라엘의 왕이 된 소년목자 다윗과 요나단 사이의 우정이다.

요나단은 소년 다윗이 언젠가는 자기의 왕위를 빼앗을 것이라고 생각하며 미친 듯이 다윗의 목숨을 빼앗으려 했던 편집증 환자 사울왕의 아들이었다. 당신은 이 관계가 복잡하게 서로 얽혀 있다는 것을 알 수 있을 것이다. 그러나 두 소년을 갈라놓으려는 사울왕의 노력에도 불구하고 그들은 가장 좋은 친구가 되었다. 우리는 사무엘상에 "다윗이 사울에게 말하기를 마치매 요나단의 마음이 다윗의 마음과 연락되어 요나단이 그를 자기 생명 같이 사랑하니라"(삼상 18:1)고 기록되어 있는 것을 볼 수 있다.

만약 당신이 어떻게 진실한 우정을 키울 수 있는지를 배우고 싶다면, 사무엘상에 나와 있는 다윗과 요나단의 이야기를 읽어보라(특히 16~20장을 읽어보라). 또는 사도행전에 나와 있는 바울과 바나바의 관계, 또는 바울의 서신서에 나와 있는 다른 참조내용들을 읽어보라. 아니면 진실 되고 믿을만한 우정의 이야기들이 실려 있는 룻기를 읽어보라.

* "친구는 사랑이 끊이지 아니하고 형제는 위급한 때까지 위하여 났느니라"(잠 17:17)

* "친구의 통책은 충성에서 말미암은 것이나 원수의 자주 입맞춤은 거짓에서 난 것이니라"(잠 27:6)

* "두 사람이 한 사람보다 나음은 저희가 수고함으로 좋은 상을 얻을 것임이라 혹시 저희가 넘어지면 하나가 그 동무를 붙들어 일으키려니와 홀로 있어 넘어지고 붙들어 일으킬 자가 없는 자에게는 화가 있으리라"(전 4:9~10)

우정은 인류에게 주신 하나님의 위대한 선물들 중에 하나이다. 그리고 하나님은 우리가 다른 사람들과 "마음을 같이" 하도록 모든 필요한 정보들을 주셨다.

윌리암 R. 화이트(William R. White)는 그의 저서 '여정을 위한 이야기들(Stories for the Journey)' 에서 한스(Hans)라는 유럽인 신학교 교수와 그의 아내 에니드(Enid)에 관해 말하고 있다. 제2차 세계대전 때 한스가 미국에서 신학교 교수직을 얻게 되면서 그들은 미국으로 도피했다. 그는 매우 마음이 따뜻하고 온유한 사람으로서 학생들은 그를 좋아했다. 그는 학생들이 성경을 삶에 적용할 수 있도록 도와주었다.

한스와 에니드는 서로 매우 사랑했다. 그들은 거의 매일 교외에서 서로 손을 잡고 함께 산보를 하고, 나란히 앉아 있었다. 그들을 알고 있는 모든 사람들이 그들의 깊이 헌신되고 친밀한 관계를 인정했다.

그러던 어느 날, 갑자기 에니드는 한스를 홀로 남겨둔 채 세상을 뜨고 말았다. 한스는 슬픔에 깊이 빠지게 되었다. 그가 먹지도 않고 출입하지 않는 것을 알고 신학교 학장과 다른 세 명의 친구들이 한스를 자주 찾아가 보았다. 그러나 그는 여전히 깊은 슬픔과 우울증에 빠져 있었다. 영혼의 깊은 밤을 경험하고 난 뒤 한스는 그의 친구들에게 말했다. "나는 하나님께 더 이상 기도할 수가 없네. 사실 이제 나는 하나님이 살아있다는 것조차 확신 할 수가 없어."

잠시 침묵이 흘렀다. 그리고 난 후 신학교 학장이 "그러면 우리가 자네 대신 믿고, 우리가 자네 대신 죄를 고백하고, 우리가 자네 대신 기도하겠네"라고 말했다. 그 네 사람은 매일 만나서 하나님이 그의 소중한 친구의 믿음을 회복시켜 주시도록 기도했다.

몇 달이 흐른 후, 그들이 함께 모여 한스를 만나러 갔을 때 한스는 미소를 지으면서 "이제 자네들은 나를 위해 더 이상 기도할 필요가 없네. 나도 오늘은 자네들과 함께 기도 할 거야"라고 말했다. 영혼의 깊은 밤이 지나간 것이다. 그의 친구들의 사랑과 배려로 그의 믿음은 회복되었다. 그들은 한스를 들것에 들고 예수님께로 데려가는 대신 기도로 그를 예수님께로 데리고 간 것이다.[4]

그것은 그리스도를 따르는 자들로 이루어진 공동체에 속한 자들, 그리고 성경에 묘사된 의미 있는 관계를 맺고 있는 자들에게 주어지는 보상이다. 나도 한스가 피부로 느낄 수 있도록 진심으로 그를 배려해준 그 네 사람과 같이 되기를 간절히 바란다.

성경 전체에 나와 있는 예수님의 예를 보고 배울 때 우리도 하나님이 바라시는 그런 관계를 맺을 수 있다. 우리의 결혼생활은 더 친밀해질 수 있으며, 우리의 우정도 더 깊어질 수 있고, 우리의 대외적인 인간관계도 더 긴밀해질 수 있다. 그것은 정말 얻을만한 가치가 있는 상급이다.

6

계속되는 당신의 이야기

성경 속에 나와 있는 생생하고 감동적인 이야기들을 통해
성경은 우리에게 아직 공개되지 않은 드라마의 한 부분을 맡도록 한다.

"당신이 하나님의 말씀을 읽을 때 당신은 속으로 끊임없이,
'성경은 바로 나에 관한 이야기야,
성경이 바로 나에게 말하고 있는 것 같아' 라고
중얼거리게 될 것이다."

소렌 키에르케고르(Soren Kierkegaard)

◆◇◆◇◆

당신의 어린 시절을 잠깐 돌아보라. 당신이 제일 좋아했던 이야기들은 어떤 것이었나? 당신의 마음에 상상력을 생생하게 불러일으켰던 이야기들은 어떤 것이었나? 당신은 불을 내뿜는 용과 싸워서 이긴 용감한 기사 이야기들을 좋아했을 것이다. 아니면 진정한 사랑을 찾은 사랑스런 공주에 관한 이야기들을 좋아했을지도 모르겠다. 당신이 좋아했던 이야기들은 전쟁터, 경기장, 성, 오두막, 먼 나라, 공상의 나라가 주로 그 배경이 되었을 것이다.

나의 경우, 제2차 세계대전의 미국 전쟁영웅 오디 머피(Audie Murphy)나 올어메리칸 운동선수로 뽑힌 짐 스롭(Jim Thorpe)과 같은 영웅, 또는 운동선수들에 관한 이야기들을 좋아했다. 그리고 위인전들을 좋아했으며, 위인전은 나에게 다른 사람들보다 더 뛰어난 사람이 되어야겠다는 마음을 갖게 해주었다.

모든 나라의 어린이들은 잠자리에서 동화나 흥얼거리는 노랫말을 들으면서 자란다. 달나라로 풀쩍 뛰어간 소, 또는 바닥에 떨어진 큰 알과 같은 이야기들은 상상력을 불러일으킨다. 여러 가지 언어로 된 수많은 이야기들이 재미있는 그림들과 함께 새롭게 디자인 되어 출간되고 있다.

수세기 전에 유대 어린이들은 이스라엘의 문화유산과 이스라엘의 하나님이 자기 민족에게 끼친 영향에 대한 이야기들을 듣고 자랐다. 이런 이야기들은 구전으로 내려오면서 한 세대에서 다음세대로 전해졌다. 그 이야기들 중에는 아담과 이브, 가인과 아벨, 노아, 에스더 왕비, 아브라함, 이삭, 야곱, 모세와 같은 위대한 인물들이 등장했다. 인물들에 관한 이러한 이야기들은 각 지파의 어린아이들조차도 잘 알고 있었다. 어린 소년목동 다윗에게 패배한 나쁜 거인 골리앗에 관한 이야기는 말할 것도 없고, 예언자 엘리야에 관한 이야기도 순수하고 열정적인 어린아이들의 마음에 깊이 새겨졌을 것이다. 그들은 지금도 이 수많은 이야기들을 전 세계에 퍼져있는 회당, 학교, 집에서 어린 자녀들에게 들려주고 있다. 이 오래전 이야기들은 유대전통문화를 배경으로 자란 사람들의 삶을 형성시키고 또 변화시키고 있다.

지구상의 거의 모든 사람들이 재미있는 이야기들을 좋아하기 때문에 하나님은 이야기를 들려주는 방식을 사용하여 우리에게 영적인 세계를 들여다 볼 수 있도록 하신 것이다. 정말 놀랍지 않은가? 예수님도 비유를 통해 이야기를 들려주는 방법을 자주 사용하셨다. 예수님이 우리에게 들려준 많은 이야기들은 그를 따르던 많은 사람들과 이스라엘 나라에 빛을 비춰주었다. 그 이야기들에는 결혼식,

농장, 자연, 문화충돌, 가족 드라마, 인부들 등이 등장한다. 예수님의 이야기는 복잡하지 않고 이해하기 쉬우며 부자, 가난한 자, 학자, 교육받지 못한 자, 누구나 다 쉽게 이해할 수 있고 또 관심을 갖게 되는 내용들이다.

예수님은 내용을 분명하게 전달하기 위한 목적으로 내용요약 프린트 물을 나누어줄 수도 있고, 자료를 나누어줄 수도 있으며, 또 '빈칸에 알맞은 말을 써넣으시오' 라는 형식의 질문지를 나누어줄 수도 있었다. 또 예수님은 가만히 서서 강의만 할 수도 있었다. (가끔은 그렇게 할 때도 있었지만) 그러나 하나님의 사랑과 거룩한 삶에 대해 사람들에게 가르칠 때 예수님이 자주 사용했던 방식은 재미있는 이야기들을 잘 엮은 다음 핵심을 찌르는 방법이었다.

말씀의 거울에 자신을 바라보기

재미있는 이야기를 들려주는 것으로 하자면 척 스미스 목사님을 빼놓을 수 없다. 그는 이야기를 어떻게 전개시키고, 어떻게 이끌어가야 하는지 방법과 기술을 잘 알고 있다. 그가 그렇게 실력 있는 성경선생이 될 수 있었던 것도 다 이 이야기를 들려주는 은사 덕택이다. 왜냐하면 그의 이야기는 듣고 있다 보면 마음에 생생하게 상상이 가기 때문이다.

내가 젊은 크리스천으로서 전임사역자가 되려고 준비하고 있을 때, 나는 척 목사님의 교회에서 그의 지도하에 인턴훈련을 받았었다. 그리고 협동목사인 라번 로메인(Laverne Romaine)은 캘리포니아 주 코스타 메사에 있는 갈보리교회에서 인턴목사들을 훈련하는 임무를 맡고 있었다. 그것은 그의 임무가 우리들이 사역을 잘 감당할 수 있도록 지도하는 일이라는 것을 의미했다. 그래서 나는 돈 맥클루어(Don Mcclure)와 톰 스타입(Tom Stipe)과 주말마다 우리가 무엇을 해야 하는지, 무엇을 하지 말아야 하는지를 한 시간 동안 듣기 위해 단상 앞에 앉아 있었다. 라번 목사님은 어떻게 성경공부를 가르치는지, 교회에 문제가 생겼을 때는 어떻게 해결해야 하는지, 새로운 프로그램을 어떻게 시작해야 하는지, 그리고 그 외에 목사가 되고 싶어 하는 사람들이 반드시 알아야 할 것들을 우리에게 강의해 주었다. 솔직히 말해서 그 시간에는 항상 사기가 떨어졌다. 왜냐하면 돈과 탐, 그리고 나는 우리가 하지 말아야 할 것들을 하면서 그 전 주를 보냈을 때가 많았기 때문이었다.

라번 목사님은 미해병대에서 중사로 제대한 사람이었다. 만약 당신이 군대계급에 대해 잘 알지 못한다면 당신은 중사가 육군에서 상당히 높은 계급이라는 사실을 알아야 할 것이다. 미해병대의 중사라면 상당히 인정받고 명예가 있는 계급이다. 군대에서 기초훈련을 받았던 경험이 있는 나에게는 라번 목사님이 이끄는 인턴모임에 참여하는 것이 마치 연병장에서 교관에게 검사를 받는 것처럼 느껴졌다.

라번 목사님은 모든 지시사항들을 지시하고 하나님의 군대에 입대한 이상 우리에게 사생활이라는 것은 없다는 것을 충분히 상기시킨 후에야 우리를 일반인처럼 부드럽게 대해주었고 그와 대화도 할 수 있게 해주었다. 그러나 그런 시간은 별로 자주 있지 않았다. 어느 날, 나는 그와 편안히 대화할 수 있는 때를 틈타 "라번 목사님, 창세기부터 계시록까지를 훤히 잘 알 정도로 성경을 꿰게 될 날이 올까요?"라는 질문을 했다. 내가 이 질문을 한 때는 지금으로부터 33년 전이었다. 나는 그때 크리스천이 된지 겨우 2년째였고, 24개월 동안 쉬지 않고 성경을 계속 읽고 있었다.

인정 많고 강철 같은 성품의 라번 목사님은 "마이크, 자네가 성경을 일단 이해하기 시작하면 그것은 마치 끊임없는 산봉우리와 골짜기들로 이어진 산맥처럼 보일 거야. 봉우리까지 오르고 나면 다시 골짜기를 향해 아래로 내려가게 되지, 그리고 골짜기에 도착하면 다시 다음 산봉우리를 향해서 올라가는 거야. 그리고는 그 산봉우리 정상에 서서 내려다보면 인생을 또 다른 눈으로 바라볼 수 있게 되지"라고 말했다.

그때 당시 나는 속으로 '음, 그래요. 무슨 말인지 알 것 같네요' 라고 말했다. 약 30년이 흐른 지금 나는 그가 한 말이 정확히 무슨 뜻이었는지 알게 되었다. 예수님과 동행하는 삶이 그 깊이를 더해감에 따라 매일 성경을 읽고 깨닫는 바도 달라진다는 것이다. 라번 목사님이 말한 대로 그 과정은 봉우리와 골짜기로 가득하다. 그러나 각각 좀 더 높은 봉우리에 오르면 좀 더 깊은 통찰과 이해를 할 수 있다.

최근 실제로 있었던 봉우리와 골짜기에 대한 이야기이다. 이것을 마음에 두고 생각해보라. 나의 좋은 친구 데니스 매그너슨(Dennis Magnuson)은 나를 포함해서 다른 친구들 몇 명과 함께 원정대를 만들어서 등반을 하자고 했다. 우리는 미국대륙에서 가장 높은 산인 휘트니산(Mount Whitney)에 도전했다. 좀 더 정확하게 표현하면 그 산이 우리에게 도전을 했다고 해야 할 것이다. 해발 14,494피트(약 4,418미터)의 휘트니산은 베테랑 등산가들에게도 힘든 코스였다. 많은 등산가들이 번개에 맞아 죽는 사고가 있었기 때문에 폭풍을 만나면 즉각 피난처를 찾으라는 경고를 수도 없이 들었다.

물론 등산에 요구되는 시간은 등산을 하는 사람의 몸의 상태에 달려있다. 우리 팀에게는 등산을 하는데 야간 등산까지 합쳐서 3일이라는 시간이 소요되었다. 삼일 째 날에 우리는 정상까지 올라갔지만 마지막 세 시간은 말로 다할 수 없을 만큼 위험했다. 나는 가파른 산등성이를 손으로 기어오르다가 손이 미끄러지면서 바위를 놓쳐 산 아래로 굴러 떨어졌다. 그때 갑자기 이런 생각이 내 머리를 스쳤다. '내가 지금 여기서 뭘 하고 있는 거지?!' 그리고 그 다음 순간 이런 생각이 스쳤다. '고도가 이렇게 높은데 그래도 실수를 딱 한 번밖에 안했네.' 그것이 내가 처음으로 난이도 높은 등산을 갔다가 경험한 것이었다. 그리고 나의 몸과 마음은 얼마 지나지 않아 내가 조금 전에 굴러 떨어졌다는 것을 잊어버렸다. 그리고 난 뒤 평평한 곳에 다다랐고 걱정하던 마음도 좀 가라앉았을 때야 내가 진짜 겁쟁이라는 것을 느꼈다. 시원한 공기를 들이마시고 있을 때 내 앞에 20대 초반의 어떤 젊은 여자 두 사람이 눈밭을 지나가고 있는 것이 보였다. 산을 오를 때 그들은 양쪽 발에 무게를 실어 한 발 한 발 조심스럽게 걷고 있었다. 왜냐하면 조금만 더 멀리 디디려고 했다가는 4,000피트(약 1,200미터) 아래로 굴러 떨어질수도 있기 때문이다. 그리고 갔던 길을 다시 돌아올 때는 처음에 자기들이 남겼던 발자국을 따라 조심스럽게 한 발짝 한 발짝 내디디는 것을 보았다.

그들이 내가 있는 쪽으로 가까이 다가왔을 때 나는 그들에게 "왜 갔던 길로 다시 돌아옵니까?"라고 물어보았다.

"아, 예. 우리 남자친구들이 산 반대편 쪽 길로 산 정상까지 올라갔는데 우리에게 자기들 등산 가방을 거기까지 갖다달라고 해서요"

라고 한 여자가 말하고 나자, 다른 여자가 이어 "방금 산 정상까지 등산 가방을 갖다 주고 이제 우리 등산 가방을 가지러 아저씨 팀 캠프가 있는 500피트(약 150미터) 아래로 내려가는 거예요"라고 말했다.

아! 그 말은 내가 꼭 들어야 할 필요가 있는 말이었다. 나는 산 정상까지 남은 650피트(약 200미터)를 언제 다 올라갈 수 있을지 생각하며 불평을 하고 있었다. 그런데 이 젊은 여자들은 60파운드(약 27kg)나 되는 등산 가방을 가지고 한 번 올라갔다가 또 다른 비슷한 무게의 가방을 가지러 내려가고 있었다. 나는 그 여자들에게 내가 등산 가방을 가지고 올라가기가 너무 힘들어서 캠프에 두고 왔다는 말을 하지 않았다.

산 정상에 올라가자 시에라 네바다스(Sierra Nevadas)의 숨 막힐 것 같은 아름다운 전경에 온 몸의 통증이 잠시 멎는 듯했다. 하늘은 맑고 눈앞에 펼쳐지는 그 경치는 그야 말로 장관이었다. 그리고 산의 색깔은 고성능 화소의 플라스마 스크린(plasma screen)에서 보는 것보다 훨씬 생생했다. 정말 멋있었다.

휘트니산을 내려가는 것은 올라가는 것보다 훨씬 쉽다는 것을 당신은 이미 알고 있을지도 모르겠다. 우리가 차가 있는 곳으로 돌아왔을 때 나는 단지 3일 동안 나에게 도전이 되었던 그 산을 바라보며 서있었다. 나는 산 정상에 오르려는 내 꿈을 달성했다.

산 정상에 올랐을 때 내 마음에는 산봉우리와 골짜기에 대한 라번 목사님의 말이 떠올랐다. 미국의 다른 주보다 48피트(약 15미터) 낮은 곳에 가장 높은 산봉우리가 위치해 있다는 것은 아이러니가 아닐 수 없다. 그리고 이 휘트니산에서 1백 마일(약 160km)을 조금 못가면 거기에는 해발 262피트(약 80미터)의 죽음의 골짜기가 있다. 그러므로 이 휘트니산은 미국에서 가장 지대가 낮은 곳을 둘러싸고 있는 것이다.

이것은 크리스천의 여정과도 매우 유사하다. 하나님은 은혜의 보좌에 앉아서 매일 당신이 인생여정을 하고 있는 것을 보고 있다. 하나님을 진정으로 찾는 사람들에게 그것은 산을 올라가는 것과 같다. 당신은 얼마나 멀리까지 왔는지 돌아볼 수 있다. 성경에 기록된 모든 이야기와 비유들은 우리를 위한 것이며, 우리가 계속 앞으로 나아가도록 해주기 위한 것이다. 성경을 읽는 동안 당신의 머리에 떠오르는 모든 생각과 통찰은 당신을 만드신 이에게로 날마다 더 가까이 나아가도록 당신을 이끌어줄 것이다.

시편 23편은 '죽음의 골짜기'와 비슷하다. 그 이유는 거기서 우리는 "내가 사망의 음침한 골짜기로 다닐지라도 해를 두려워하지 않을 것은"이라는 말씀을 보게 되기 때문이다. 그리고 성경에는 휘트니산 정상을 말해주는 말씀도 있다. 그것은 이사야 6장 1절의 "내가 본즉 주께서 높이 들린 보좌에 앉으셨는데 그 옷자락은 성전에 가득하였고"(NKJV)라는 말씀이다. 성경을 우리 인생의 골짜기와 정상과 관련시켜 생각해보는 것은 정말 흥미롭고도 놀랍다. 사랑의 하나님이 당신과 매순간 교제하기를 원하시면서, 당신의 모든 호흡을 감찰하시고, 당신의 삶의 모든 순간을 살피시면서 "저 높은 곳에서" 이 세상을 내려다보고 계신다. 하나님은 성경의 이야기들을 통해 당신과 말씀하시기를 원하시는 사랑의 아버지이시며 자비로운 왕이시다.

산의 정상과 골짜기들처럼 인생은 미지의 세계이다. 창조 때부터 지금까지 삶의 드라마는 매일 찾아오는 새아침과 같다. 계속 펼쳐지는 하나님의 놀라운 드라마 속에서 당신이 매우 특별한 사람이라는 사실을 알 때 당신은 새로운 힘을 얻게 된다. 인생은 일회이다. 그리고 그 한 번의 인생은 우리 앞에 무한한 배움과 여러 가지 삶의 기회들로 놀라운 경치를 펼쳐준다.

이야기들에 자신의 모습을 비춰보기

훌륭한 교육자이자 성경선생인 해돈 로빈슨(Haddon Robinson)은 성경의 인물들이 겪는 모험들과 불운들은 우리의 패배와 성공, 비극과 승리를 반영해주며, 그것은 어린 아기를 안아서 거울 앞에 비춰주는 것과 같다고 한다. 아이가 움직이면 거울 속에 비치는 아기도 움직인다. 아기가 손을 흔들면 거울 속에 아기도 손을 흔든다. 아기가 그것이 거울 속에 비치는 자기의 모습이라는 것을 깨닫고 "아하!" 하는 표정을 지을 때가 있다. 그 아이는 어느 순간 '저건 바로 나였네!' 라며 깨닫는다.

로빈슨 박사는 "당신은 성경을 읽는 중에 그런 순간을 자주 갖게 된다. 당신이 성경을 펼쳐보면, 하얀 종이에 까만 글씨가 보이고, 그 글씨들에 담긴 이야기들은 옛날 오래 전의 이야기들이다. 그러나 당신이 성경에 몰입하면 그 글씨들은 사라지고 성경 한 장 한 장에서 당신 자신의 모습을 보게 될 것이다"라고 말했다.

성경에는 역사적인 이야기들과 신학적인 개념들뿐만 아니라 우리의 모습을 비춰주는 여러 가지 이야기들이 담겨있다. 우리는 하나님의 명령에 불순종하고 두려움에 떠는 요나의 모습에서 우리 자신의 모습을 볼 수 있다. 하나님을 불신하는 사라가 하나님이 그가 비록 경수가 끊어졌지만 그래도 기한이 이르면 아기를 낳을 것이라고 아브라함에게 말하는 것을 엿듣고 웃는 모습에서 우리 자신의 모습을 볼 수 있다. 우리는 고집 세고 제멋대로인 탕자가 아버지의 은혜로운 품으로 돌아오는 모습에서 우리 자신의 모습을 볼 수 있다. 이 여러 종류의 사람들에게서 우리 자신의 모습을 볼 수 있을 때 우리는 그들의 승리를 본받을 수 있으며 또 그들의 실패를 통해서도 배울 수 있다.

예를 들면, 나는 몇 년 전에 어려움에 부딪힐 때 그로 인해서 원한에 찬 인간이 될 수도 있고, 오히려 그것을 통해 더 나은 사람이 될 수도 있다는 것을 깨달았다. 어느 날, 척 목사님은 나에게 원한(bitter)과 나은(better)의 차이는 한 개의 글자 I(나)에게 달려있다는 말을 해주었다. 'I(나)'로 말미암아 '나에게' 문제가 일어날 수 있다는 사실이 정말 흥미진진하지 않은가! 만약 원한이 나를 다스리도록 내버려둔다면 그것은 나의 크리스천의 삶을 점점 파멸시킬 수도 있다. 그러나 만약 내가 더 나은 사람이 되려고 마음먹는다면 성령께서 나를 통해 내 안에 놀라운 일을 행할 것이다.

수요일 저녁에 우리 교회에는 Chapter(장)와 Verse(절)을 대표하는 C & V라고 불리는 성경공부 모임이 있다. 매년 우리는 성경공부를 창세기 1장 1절부터 시작해서 요한계시록 22장 21절까지 한다. 나는 성경을 가르치는 것이 즐겁다. 왜냐하면 성경을 가르치다보면 내가 영적으로 새로워지고 또 깨어있게 되기 때문이다. 오늘 아침 내가 이 책을 쓰고 있을 때 샌디에고에서 변호사로 일하고 있는 친구 스튜어트(Stuart)에게 이메일을 받았다. 스튜어트는 그날 저녁 성경공부에서 욥기를 공부했던 것이 너무 좋았다며 나에게 감사를 표했다. 그는 나에게 전에는 깨닫지 못했던 어떤 점을 새롭게 알게 되었다고 말했다. 그것은 욥과 욥의 아내는 똑 같이 하루아침에 열 명의 자녀들을 잃었지만 두 사람의 반응이 아주 달랐다는 것이었다. 욥은 그 상황에서 하나님을 찬양하고 고난을 교훈으로 삼기로 마음을 먹었다. 그러나 욥의 아내는 하나님을 원망하기로 작정했다. 그녀는 남편에게 "하나님을 욕하고 죽으라"(욥 2:9)라고 말했다.

내가 욥에 관한 성경공부를 인도했을 때 그 점을 강조하지는 않았다. 그러나 스튜어트는 그것을 스스로 깨달았던 것이다. 이 점이 바로 성경공부가 가진 놀라운 장점이다. 모든 사람들이 하나님으로부터 배우고 깨닫는 것이 각각 다르다. 나는 욥의 인생에 대해 공부할 때 욥 자체와 그의 삶이 주는 교훈에 초점을 맞추었다. 그러나 스튜어트는 욥이 고난을 받아들이는 태도에 대해 깊이 생각했던 것이다.

당신이 성경과 관련해서 반드시 기억해야 할 것이 있다. 그것은 당신이 어떤 상황에 처해 있든지 성경은 당신의 필요와 욕구를 채워준다는 것이다. 어려움을 겪으면 우리는 소외감이나 외로움을 느낀다. 우리는 나 혼자만 그런 일을 겪고 있고 세상에는 아무도 나를 이해하는 사람이 없다고 생각할 때가 있다. 그러나 사도 바울이 한 말을 들어보라.

"사람이 감당할 시험밖에는 너희에게 당한 것이 없나니 오직 하나님은 미쁘사 너희가 감당치 못할 시험 당함을 허락지 아니하시고 시험 당할 즈음에 또한 피할 길을 내사 너희로 능히 감당하게 하시느니라"(고전 10:13, NKJV)

나는 "사람이 감당할 시험"이라는 말이 아주 마음에 든다. 문제나 유혹 앞에서 사람들의 반응은 거의 비슷하다. 우리에게는 공통점이 많다. 현재 우리가 겪고 있는 어려움은 주변 사람들이 겪고 있는 어려움과 똑 같은 것들이다. 그리고 성경에 나오는 사람들이 겪은 어려움도 마찬가지이다. 그들은 몇 천 년 전에 살았지만, 우리는 그들이 보여준 본을 통해 배울 수 있다.

작가 다니엘 테일러(Daniel Taylor)는 "스토리들은 우리에게 우리의 존재에 대해, 왜 존재하는지에 대해, 무엇을 해야 하는지에 대해 말해준다"[1]라고 말했다. 스토리들은 크고 작은 우리의 인생문제들에 대해 최고의 답을 우리에게 제시해준다.

위대한 인물들의 발자취를 따라 걷기

내가 사춘기 청소년이었을 때 나는 달리는 것을 무척 좋아했다. 봄이 되어 달리기를 할 수 있는 적기가 되면 나는 단거리 경주 팀에 등록을 하고 트랙 위에서 나의 빼빼마른 작은 다리로 열심히 달리기를 하였다. 나는 톰 행크스(Tom Hanks)가 주연으로 나오는 '포레스트 검프(Forrest Gump)' 에서의 주인공 인물과 비슷했다. 특히 누군가 "달려, 포레스트! 달려!"라고 외쳤을 때 포레스트 검프가 들판을 따라 마구 달리던 모습처럼 나는 달리기를 그 정도로 좋아했다. 나는 단거리 달리기와 릴레이 경주를 가장 좋아했다. 나는 달리기 기록을 갱신하는 사람이나 또는 단거리 달리기 선수로서 장학금을 탈 수 있을 만큼 잘 달리지는 못했지만 그저 달리기가 너무 좋았다.

고등학교 시절, 나의 우상은 올림픽에서 가장 힘든 경기 중에 하나인 육상 10종 경기에 참가했던 1956년 로마올림픽 미국 대표선수 레퍼 존슨(Rafer Johnson)이었다. 4년 후에 그는 올림픽경기에서 같은 종목에 다시 출전하여 금메달을 땄다. 그 후 레퍼는 UCLA 대학에 들어갔고, 대학 내 유명한 유대인 클럽에서 그를 받아줌으로써 그는 유대인 클럽에서 최초의 흑인 멤버가 되었다. 4학년 때는 UCLA 학생회장으로 선출되어 활동했다. 그러나 그의 집은 텍사스의 작은 도시 캘리포니아 킹스버그로 이사 온 후 한동안 기차화물칸에서 지낼 정도로 가난했다.

그는 역사상 뛰어난 단거리 경주 주자들 중에서도 가장 열심히 노력하는 젊은 청년으로써 세계 최고 기록을 여러 번 갱신했다. 친구들과 나는 단거리 경주에 대한 이야기를 하거나 레퍼에 대한 소식을 읽으면서 큰 꿈을 꾸었고 또 열심히 노력했다. 그는 내게 인생의 목표를 더 높이 잡고 그 목표를 위해 매진할 수 있도록 마음에 동기를 불어넣어 주었다. 나는 레퍼에게 깊은 감동을 받았다. 특히 그의 어려운 성장환경과 그가 자기의 잠재력을 발휘하기 위해 얼마나 노력했는지를 보고 감동을 받았다.

만약 당신이 마음으로 깊이 존경하는 당신만의 영웅이 있다면, 당신은 레퍼 이야기의 나머지 부분도 좋아하게 될 것이다. 몇 년 후에 레퍼는 그의 아주 절친한 친구였던 베치(Betsy)와 결혼을 했다. 그녀는 나의 장남의 대모이며, 레퍼와 나는 서로 친한 친구사이다. 그는 훌륭한 사람이다. 나는 몇 년 동안 그와 가까이 지내게 될 수 있어 너무 감사하며, 그것이 나에게 큰 축복이라고 생각한다. 나는 아주 운이 좋은 사람이다. 일반적으로 우리는 개인적으로 영웅으로 삼고 있는 인물과 직접 만나기가 쉽지 않으며 게다가 그런 사람과 친구로 지내기란 더 어렵다.

우리에게는 우리가 개인적으로 존경하고, 인정하고, 또 본받고 싶은 영웅들이 필요하다. 당신에게도 역할모델로 삼고 싶은 사람이 있을 것이다. 그 사람이 유명인사일 수도 있고, 학창 시절 선생님이거나 또는 가족 중 한 사람일 수도 있다. 그리고 책을 통해서도 그런 인물들을 찾을 수 있다. 그래서 나는 당신에게 본받을 만한 훌륭한 인물들이 있는 좋은 책을 제시해주고 싶다. 그것은 바로 성경책이다. 히브리서 11장을 읽어보면, 믿음으로 말미암아 하나님과 인류에게 인정받은 사람들에 관한 이야기들이 나와 있다. 시간을 내어 거기에 나오는 인물들을 한 사람 한 사람씩 살펴보라. 그리고 며칠 또는 몇 주에 걸쳐 각 사람에 대해 읽어보고 그들의 삶을 본으로 삼아라. 성경책 옆에 메모장과 필기도구를 놓고 당신이 본으로 삼은 각각의 인물들에 대한 내용들을 써보라. 만약 히브리서 11장에 언급된 인물들이 역할모델로 삼을 만큼 마음에 와 닿지 않는다면 성경의 나머지 부분을 쭉 읽어보면서 그 중에 역할모델로 삼을만한 인물을 찾아보라.

특히 구약의 두 인물은 크리스천의 초기 성장에 많은 영향을 줄 수 있다. 엘리야와 예레미야는 믿음과 섬김에 대해 나에게 많은 것을 깨닫게 해주었다. 엘리야는 나에게 항상 하나님을 믿고 하나님의 부르심에 신실하라는 것을 가르쳐 주었다. 엘리야는 하나님과 특별한 관계가 있는 사람이었다. 엘리야는 이스라엘 왕국이 쇠퇴하던 시대에 생존했던 인물로서 이스라엘의 왕과 왕비에게 하나님의 말씀을 전하던 사람이었다. 왕과 왕비는 그를 몹시도 싫어하고 그가 죽기를 바랐지만, 엘리야는 포기하지 않고 끈질기게 하나님의 말씀을 그들에게 전했다. (만약 당신이 이 놀라운 예언자에 관한 성경 이야기들을 한 번도 읽어본 적이 없다면 열왕기상 17장에 나와 있는 엘리야에 관한 이야기를 읽어보라)

나는 엘리야의 이야기에서 평생의 교훈으로 삼을만한 몇 가지를 볼 수 있었다. 특히 그 땅에 기근이 임했을 때의 이야기는 더욱 그렇다. 하나님은 엘리야에게 그릿이라는 작은 시냇가로 가라고 말했다. 그 시냇가는 별로 중요한 장소처럼 보이지도 않았고 별로 알려지지도 않은 곳이었다. 그러나 가뭄이 아주 심했던 그 당시에 하나님은 이 외딴 곳에서 엘리야에게 신선한 물을 공급해주셨고, 음식이 아주 귀했을 때 주야로 까마귀들을 보내셔서 먹이셨다. 이 이야기는 수년 전 내가 처음으로 이 이야기를 읽은 후부터 늘 내 마음에 함께 했다. 그리고 그 때부터 지금까지 하나님이 인도하는 곳이라면 어디든지 기꺼이 가려는 마음을 갖도록 해주었다. 척 목사님은 "하나님의 인도하심을 따르면 하나님이 친히 우리의 모든 필요를 채워주신다"라고 항상 말한다.

내가 엘리야의 순종을 통해서 배운 두 번째 교훈은, 하나님은 초자연적인 방법으로 모든 필요한 것들을 나에게 공급해주신다는 것이다. 나는 사람들이 나의 필요를 채워주기를 목을 내밀고 기대한 적은 한 번도 없었다. 그러나 나는 나의 모든 필요를 채우실 하나님을 믿는다.

내가 엘리야의 이야기에서 배운 세 번째 교훈은, 하나님이 그 작은 시냇물을 다 말라버리게 하셨을 때가 있었다. 엘리야에게 있어서 그 때는 다른 곳으로 가서 그의 인생에 임하신 하나님의 부르심을 완수해야 할 때였다. 이것은 내가 내 주변 세계와 하나님의 인도하심에 어떻게 민감하게 반응할 수 있는지를 보여준다. 나의 필요를 채워주는 것이 말라버리고 더 이상 그것을 찾아볼 수 없을 때, 즉 "시냇물이 말라버렸을" 때 그것은 아마도 그 자리에서 일어나 다른 곳으로 이동해야 할 때일 것이다.

예레미야는 그에게 임한 하나님의 부르심 앞에서 보여주었던 모습 때문에 나에게 역할모델이 되었다. 예레미야 1장을 읽어보면, 우리는 그가 젊은 청년이었다는 것을 알 수 있다. 그는 자신을 "아이" 라고 말하고 있다. 예레미야는 선지자로서 앞으로 자기가 해야 할 중요하고 엄청난 일 앞에서 주저하는 마음이 들었다. 그는 자신이 그 일을 맡을 적임자 같지가 않았다. 그러나 하나님은 예레미야에게 하나님이 그를 창조하셨고 그 일을 위해 그를 준비시켰다고 말하셨다.

하나님이 예레미야에게 주신 이러한 격려는 내게도 자신감을 불러 넣어 주었다. 나는 젊은 시절 그 다지 자신감이 없었기 때문에 예레미야가 하나님의 부르심에 그의 부족함을 주장하며 주저하는 모습에서 나의 모습을 쉽게 발견할 수 있었다. 그러나 예레미야서를 한 장 한 장 읽으면서 나는 진리를 깨닫기 시작했다. 하나님은 우리가 약할 때에 가장 강하다는 것이다.

성경에 나오는 모든 인물들은 당신이 하나님 앞에 더 가까이 나아가도록 도와주기 위해 기록되어 있는 것이다. 나는 당신이 당신의 마음에 끌리는 좋은 인물들, 당신과 비슷하다고 생각되는 인물들, 그리고 많은 것을 배울 수 있는 인물들을 선택하라고 하고 싶다. 당신이 성경과 그리고 성경의 인물들과 사랑에 빠질 때 당신은 하나님이 바라는 인물로 성장하게 될 것이다.

하나님의 드라마에 동참하기

당신은 성경이 사악한 사람들과 훌륭한 사람들의 이야기들을 두루 다루고 있는 인물연구 시리즈이며, 도덕적인 교훈, 비유들이 담긴 실화들과 이야기들을 엮은 모음집이라고 생각할 것이다. 물론 그것은 사실이다. 그러나 만약 당신이 성경이 놀라운 영감을 주는 문학이라는 생각에 머무른다면, 그것은 가장 중요한 부분을 놓치는 격이 되고 말 것이다. 성경은 사람들을 창조하시고 사랑과 은혜로 그들을 구원하시려는 사랑의 하나님에 관한 이야기들이다. 성경은 창조 시부터 시작해서 오늘날에도 계속 진행되고 있으며 앞으로도 계속 진행될 이야기들이다. 중요한 것은 때가 되면 묶은 리본이 풀어지듯이 풀리게 될 이 이야기들 중 일부를 당신이 맡게 된다는 것이다.

성경은 아직 끝이 맺어 지지 않은 이야기이기 때문에 크리스천들은 그들이 알든 모르든 앞으로 펼쳐지게 될 성경 이야기의 중요한 부분을 만들어가고 있는 것이다. 작가 프레드릭 뷔히너(Frederick Buechner)는 우리가 주인공으로 등장하는 이 이야기에 대해 다음과 같이 말하고 있다.

"그것은 마술과 신비의 세계이며, 캄캄한 어두움 속에 반짝이는 별빛과 같은 세계이다. 그것은 멋진 일들은 물론 소름끼치는 일들도 일어나는 세계이다. 그것은 겉모습으로는 누가 어느 편에 속했는지 구분하기 어려운 엎치락뒤치락 하는 상황 속에서 선한 것과 악한 것이 서로 대치하는 세계이며, 사랑과 미움, 질서와 혼돈이 공존하는 세계이다. 그러나 그 모든 혼돈과 황량함 속에서도 그 세계에서 전쟁은 선한 사람들이 영원히 행복하게 살게 될 승리를 향해 나아가고 있다.

물론 이것은 다른 동화 이야기들과는 근본적으로 크게 다른 복음을 근거로 한 동화 이야기이다. 이 동화 이야기는 진리에 기초한 것이며, 옛날 오랜 옛날에 일어났던 일일 뿐만 아니라 그 때부터 지금까지 계속 그대로 진행되어 왔고 또 현재도 계속 진행되고 있는 이야기이다." [2]

우리가 등장하는 이 이야기는 성경에 나와 있는 모든 인물들과 모든 사건들과 마찬가지로 진리이며 사실이다. 당신은 이 이야기에서 당신이 활약하고 있는 부분이 주변의 다른 사람들에 비해 별로 중요하지 않거나 보잘 것 없는 것이라고 느껴질 수도 있다. 그와 반대로 다른 사람들을 볼 때 당신이 더 많은 일들을 담당하고 있고 또 더 잘하고 있다고 생각할 수도 있다. 나는 그것이 "10분의 명성"이라도 얻으려고 아우성치는 유명인사 중심의 우리 문화에 나타나는 자연스러운 결과라고 생각한다. 하나님은 우리를 부르실 때 유명해지거나, 인기를 얻거나, 저명한 사람이 되라고 부르지 않았다. 사실, 하나님은 당신이 당신에게 주어진 독특한 역할을 겸손, 사랑, 온유로서 잘 해내기를 요청하신다. 예수님은 자신을 따르는 자들에게 "아무든지 첫째가 되고자 하면 뭇사람의 끝이 되며 뭇사람을 섬기는 자가 되어야 하리라"(막 9:35, 눅 9:48)고 말했다. 당신은 하나님의 스토리 속에서 일약 스타와 같은 역할을 맡으려고 할 필요는 없다. 사실 옆에서 돕고 지지하는 역할이야 말로 가장 가치 있는 것이다.

이런 관점에서 우리의 삶을 바라볼 때 그것은 우리의 사고와 행동, 계획에 반드시 영향을 끼친다. 작가 커트 브루너(Kurt Bruner)는 그것을 "거룩한 드라마"라고 하였다. 그리고 그 거룩한 드라마의 일부가 될 때 우리는 인생의 의미와 가치를 깊이 느낄 수 있게 된다. 브루너는 다음과 같이 말한다.

"만약 하나님이 우리를 극중 인물로 삼는 긴 드라마의 극본을 제작하고 연출한다면 하나님은 적어도 우리가 그 드라마의 제작과 연출에 관여하는 것만큼은 허용하지 않을 것이다. 사실 성경에 기록된 사건들과 관련해서 하나님이 하신 일들도 바로 그런 것이었다. 우리는 이 드라마가 매 순간 어떻게 전개될지 알지 못하며, 우리에게 주어진 역할이 이 이야기의 나머지 부분에 어떤 영향을 줄지 알지 못한다. 우리는 그것을 비밀이라고 부른다. 이 비밀에 대한 인식이 우리의 일상적인 경험과 선택을 위대한 모험으로 바꾸어 놓는다. 이 모험에 대한 깨달음과 인식은 우리가 처하는 모든 상황들에, 우리가 마주치는 모든 사람들과의 만남에, 그리고 우리가 내리는 모든 결정들에 의미를 부여해 준다. 이것은 또한 우리 자신을 뛰어넘는 더 큰 어떤 상황 속으로 우리를 밀어 넣는다.

일단 우리가 성경을 읽고 우리의 한계를 뛰어넘는 놀라운 규모의 각본을 이해하게 되면 우리에게 어떤 역할이 잘 맞는지, 그리고 우리에게 주어진 역할을 어떻게 잘 해낼 수 있는지를 더 잘 이해할 수 있게 된다."[3]

얼마나 놀라운 사실인가! 우리 모두는 우리 자신보다 더 큰 어떤 것에 참여하고 있다. 우리의 행동 하나하나는 영원한 이야기의 전개를 돕고 있다.

마리아 라이체(Maria Reiche)는 그녀의 저서 '사막 위의 미스터리(Mystery on the Desert)'에서 나스카(Nazca)인들이 페루의 평원에 기록한 이상한 문장들에 대해 언급하고 있다. 그 문장들 중에 어떤 것들은 수십 ㎢에 걸쳐 쓰여 있다. 수년 동안 사람들은 이 문장들이 고대 관개수로의 유적이라고 생각했다. 그러나 1939년 롱 아일랜드대학의 폴 코소크(Paul Kosok) 박사가 그 문장들의 참된 의미를 발견했다. 그 문장들은 공중 높은 곳에서만 해독이 가능했다. 별 의미 없이 뒤죽박죽되어 있는 것 같은 그 문장들은 비행기에서 내려다 봤을 때 새들, 곤충들, 동물들을 그린 거대한 그림들이었다.[4]

이와 마찬가지로 사람들은 성경을 서로 아무 관계가 없는 개별적인 이야기들이라고 생각할 때가 많다. 그러나 성경 전체를 하나로 볼 때 우리는 그 이야기들이 창세기의 "태초에"라는 첫 문구로부터 시작하여 계시록의 마지막 문구인 "아멘"에 이르기까지 전체가 하나의 위대한 구원의 스토리라는 것을 알게 된다. 성경은 하나님이 타락한 인간들을 어떻게 구원하고, 구속하며, 회복시키셨는지를 마치 여러 가지 실을 이리저리 엮은 것처럼 엮은 것이며, 창조의 첫 나노세컨드(nanosecond, 10억분의 1초)로부터 시작하여 마지막 날 최후의 승리의 외침까지를 전부 망라하는 거룩한 스토리이다.

성경에 기록된 모든 이야기들, 비유들은 우리를 위한 것이며, 우리가 계속 앞으로 나아가도록 해주기 위한 것이다.

7

믿음의 계단을 오르기

성경은 우리가 확신과 굳건한 믿음을 가지고 살도록 가르친다.

"성경이 가르쳐주는 것 이상으로 성장한 사람은 아무도 없다.
우리의 인생연륜이 깊어질수록 성경은 더 깊이 있고 더 폭넓게 우리에게 다가온다."

찰스 스펄전(Charles Spurgeon)

◆◇◆◇◆

2003년 12월 17일, 라이트 형제의 첫 비행 100주년 기념일에 브라이안 비니(Brian Binnie) 조종사는 화이트 카이트(White Knight)라는 신형 로켓 스페이스십원(SpaceShipOne)에 올랐고 그 신형로켓은 곧 발사되었다. 그 당시에 처음으로 민간 투자로 만들어진 스페이스십원은 공중으로 발사된 후 고도 48,000피트(약 14,630미터)까지 솟아올랐다. 우주선 안에 있던 비니가 제트 엔진을 가동시키기 위해 스위치를 누르자 스페이스십원은 9초 만에 60도 각도로 비행을 하면서 시간당 930마일의 속도로 공중을 향해 올라갔다. 그러나 약 6초 후 우주선이 해발 68,000피트(약 20,730미터)까지 올라갔을 때 엔진이 갑자기 멈추었고, 그 우주선은 사막으로 추락했다.

비니의 시험 비행은 짧게 끝났다. 그러나 그것은 여전히 놀라운 기록으로 남아있다. 그날 발사된 스페이스십원은 첫 민간 유인 우주선이었다. 당신은 윌버 라이트(Wibur Wright)와 오빌 라이트(Orville Wright)가 이런 놀라운 일을 꿈에라도 상상을 했을 것이라고 생각하는가? 라이트 형제의 비행은 지상에서 몇 미터 정도 공중에 뜬 상태에서 백 마일도 못 날랐지만 그것은 그들의 꿈을 이루기에 충분했다. 백년 만에 테크놀로지는 몰라보게 발전했다. 그렇지 않은가?

스페이스십원이라는 이 시험 비행기의 설계자들, 제작자들, 조종사가 이 비행기를 발사하기 위해서는 믿음이 필요했다. 열정적인 사람들로 이루어진 그 팀은 위험을 감수하면서 시간, 돈, 노력, 교육, 능력을 이 비행에 쏟아 부었다. 세기 전 라이트 형제와 마찬가지로 그들도 목표를 달성하고 미션을 이루기 위해 믿음을 행동으로 옮겨야만 했다.

실행으로 옮길만한 확신

삶이 우리에게 요구하는 믿음의 강도는 다양하지만 어쨌거나 삶은 우리에게 믿음을 요구한다. 우리 중에 몇몇 소수의 사람들은 비니처럼 검증되지 않은 우주선을 타보고 싶어 하거나 또는 타볼 기회를 얻게 되겠지만, 우리의 믿음은 매일매일 시험대에 오른다. 신호등이 빨간색에서 초록색으로 바뀌어서 교차로를 주행할 때 우리는 다른 방향의 운전자들이 정지해 줄 것이라고 믿는다. 매주 길모퉁이에 쓰레기통을 내놓을 때 우리는 쓰레기차가 그 쓰레기들을 치워갈 것이라고 믿는다. 봉급을 수표로 은행에 입금시킬 때 우리는 회사

고용주가 그 수표를 결재할 수 있을 것이라고 믿는다. 이곳 캘리포니아에서는 건물들이 든든하게 건축되어서 지진에도 무너지지 않을 것이라고 우리는 믿는다. 당연히 건물이 높으면 높을수록 더 큰 믿음이 요구된다.

바로 이런 이유 때문에 영적 믿음이 그렇게 중요한 것이다. 영적인 문제들은 영원한 목적지, 이 땅에서의 우리의 삶의 질, 인생의 의미와 목적에 관한 우리의 믿음이다. 우리의 삶에서 가장 중요한 단면들은 영적인 추구와 관련되어 있다. 그러므로 성경과 사랑에 빠져야 하는 가장 큰 이유 중에 하나는 성경이 바로 믿음의 근원이기 때문이다. 사실 믿음은 성경의 중심 주제 중 하나이다. 하나님의 말씀은 스토리들과 기도문들을 통해 우리에게 격려를 주고, 하나님의 성품을 들여다 볼 수 있게 해주며, 하나님과 진실한 관계를 맺는 방법의 예를 보여준다. 이 모든 것들은 우리의 믿음을 세우기 위한 것들이다. 신약성경에서 내가 가장 좋아하는 성경구절 중에 하나는 이에 대해 직접 언급하고 있다. "믿음이 없이는 기쁘시게 못하나니 하나님께 나아가는 자는 반드시 그가 계신 것과 또한 그가 자기를 찾는 자들에게 상주시는 이심을 믿어야 할지니라"(히 11:6) 이것은 당신과 내가 가져야 할 믿음이다.

다행히도 우리 모두에게는 믿음으로 나아갈 수 있는 길이 열려 있다. 하나님이 우리 모두를 위해 그 길을 열어놓으셨다. 사도 바울은 로마서에서 이에 대해 언급하고 있다. "내게 주신 은혜로 말미암아 너희 중 각 사람에게 말하노니 마땅히 생각할 그 이상의 생각을 품지 말고 오직 하나님께서 각 사람에게 나눠주신 믿음의 분량대로 지혜롭게 생각하라"(롬 12:3)

나는 성경을 하나님의 전력에 플러그를 끼워서 우리의 믿음을 재충전할 수 있는 일종의 어댑터라고 생각한다. 만약 당신이 외국 여행을 해본 적이 있다면, 플러그들을 꽂도록 설치되어 있는 벽에 달린 소켓들이 나라마다 다르다는 것을 알 것이다. 미국에서 만든 헤어드라이어나 컴퓨터노트북을 독일 호텔에서 플러그를 꽂아 사용하려고 하면 어떻게 될지 당신은 알 것이다. 내가 처음으로 유럽으로 여행을 갔다가 화장실에서 전기면도기를 사용하려고 플러그를 꽂았을 때를 나는 지금도 기억한다. 플러그를 꽂았지만 작동을 하지 않아 충격을 받았다. (기이하게 여겼다는 표현이 더 맞을 것 같다) 나는 실망했다. 그러나 어댑터만 있었으면 문제는 없었을 것이다. 이 작은 장치는 무리 없이 전기가 흐르도록 해주며 가전제품이 제대로 작동하도록 해준다.

성령이 가전제품용 어댑터처럼 하늘나라의 전기를 공급해주는 역할을 한다면, 성경은 당신이 삶 속에서 하나님을 알도록 해주는 어댑터와 같다. 성경은 당신의 마음에 하나님의 뜻을 해석해주며, 하나님의 명령을 따르도록 해주고, 하나님을 기쁘시게 하는 삶을 살도록 해준다.

나는 이 책을 쓰면서 독자인 당신이 하나님을 알고 싶어 하는 자라고 가정하고 있다. 당신이 지금 이 책을 읽고 있다는 것 자체가 당신이 하나님을 알고 싶어 한다는 사실을 잘 보여주고 있는 것이다. 나는 당신이 성경 읽는 것을 즐기고 동시에 믿음이 자라기를 기도한다. 그것이 나에게는 삶의 변화였다. 1960년대에 걸쳐 나는 나의 신의 존재와 내 인생의 의미를 갈망하며 열심이 찾아 헤맸다. 그런 목마름으로 인해 나는 신비주의에 관한 여러 책들을 읽었고, 힌두교의 만트라(mantra)를 하고, 사막에서 향을 피우며, 염불을 외우면서 밤을 꼬박 새웠으며, 명상이나 요가에 빠졌다. 그러나 그런 모든 것들은 나에게 좌절감, 실패, 허무밖에 주지 않았다.

하나님 없는 삶은 나에게 진정한 희망을 주지 못했다. 나는 나의 삶의 목적이나 내 인생의 미래를 볼 수 없었다. 그러나 내가 처음으로 성경을 집어 들었을 때, 그리고 성경말씀을 가르치는 은사를 가진 목사를 만났을 때 나는 성경에 빠졌고, 그리고 하나님과 사랑에 빠질 수 있었다. 나는 할 수만 있다면 하나님의 말씀을 다 알고 싶었다. 나는 내 능력이 닿는 한 성경을 최대한으로 읽었다. 그렇게 해서 성경은 내가 하나님에 관해 알 수 있는 진정한 지식의 원천이 되어 주었다.

성경과 하나님에 대한 지식이 자라면서 나도 모르는 사이에 나의 믿음도 자랐다. 로마서는 이 현상을 다음과 같이 설명한다. "그러므로 믿음은 들음에서 나며 들음은 그리스도의 말씀으로 말미암았느니라"(롬 10:17) 나는 크리스천이 된지 한참이 지난 지금도 이것이 여전히 진리라는 것을 깨닫게 된다. 성경을 읽으면 읽을수록, 성경을 들으면 들을수록, 성경을 배우면 배울수록 믿음은 자란다.

만약 당신이 강한 믿음을 가지고 싶다면 매일 성경을 읽으라. 성경은 보통 책과는 다르다. 사실 사도 바울은 그의 제자 디모데에게 "모든 성경은 하나님의 감동으로 된 것으로 교훈과 책망과 바르게 함과 의로 교육하기에 유익하니"(딤후 3:16)라고 말했다. 그러므로 성경을 묵상하고 암송하라. 그 말씀들이 인생을 어떻게 살아야하는지에 대해 당신에게 교훈을 줄 것이다. 하나님의 순전한 말씀이라는 필터를 통해 세상 모든 것들을 보라. 그리고 성경에 등장하는 많은 믿음의 사람들의 삶의 본을 따르라. 이제부터 성경에 나오는 믿음의 사람들을 살펴보고 그들을 배워보자.

믿음의 조상 아브라함

수천 년에 걸쳐 세계 각처의 크리스천들은 아브라함을 믿음의 본으로 삼았다. 그 이유는 무엇인가? 아브라함은 땅도, 자녀도 없었고 게다가 그의 아내는 아이를 낳지 못하는 여자였다. 하나님은 그런 아브라함을 새로운 백성, 즉 유대백성을 일으키는 조상으로 택하셨다. 이것은 사람들의 생각으로는 도저히 이해가 되지 않는 방법이었다. 아브라함에 대한 놀라운 이야기는 창세기에 기록되어 있다. "여호와께서 아브람에게 이르시되 너는 너의 본토 친척 아비 집을 떠나 내가 네게 지시할 땅으로 가라 내가 너로 큰 민족을 이루고 네게 복을 주어 네 이름을 창대케 하리니 너는 복의 근원이 될지라 너를 축복하는 자에게는 내가 복을 내리고 너를 저주하는 자에게는 내가 저주하리니 땅의 모든 족속이 너를 인하여 복을 얻을 것이니라 하신지라"(창 12:1~3)

우리는 아브라함의 인생 전반부, 즉 아브라함이 '아브람'으로 불렸던 시절과 그 당시 그와 하나님과의 관계에 대해서는 별로 알 수 있는 것이 없다. 그러나 우리는 하나님이 아브라함에게 약속만 준 것이 아니라 명령도 함께 주었다는 것은 말씀을 통해 분명하게 알 수 있다.

가족들과 친지들을 떠나는 것은 누구에게나 쉬운 일이 아니다. 그런데 나라와 삶의 뿌리까지도 다 떠나라는 말을 듣는다면 어떻겠는가? 한번 상상을 해보라. 아브라함 시대에는 가족들이 몇 세기에 걸쳐 한 장소에서 살았다. 여행은 도보나 낙타를 이용해서 인근의 다른 마을들을 가끔 방문하는 정도였다. 여자로서 다른 가족에게로 시집을 가는 경우가 아니라면 조상들이 오랫동안 뿌리를 내리고 살았던 곳을 벗어날 일이 거의 없다.

나는 이사하는 것이 얼마나 힘든 일인지를 안다. 나는 샌디에고에서 사는 동안 군인들을 많이 만났다. 군인들은 대개 몇 년을 주기로 다른 도시나 군부대로 이동한다. 게다가 군인의 아내들은 남편이 임무를 받고 몇 달간 집을 떠나있는 동안 아이들과 함께 집에 머물러 있어야 한다. 이런 것들은 부부에게나 가족 전체에게 어려운 일들이다.

나는 아브라함이 하란의 집을 떠날 때 마음에 여러 가지 걱정되는 것들이 많이 있었을 것이라고 짐작할 수 있다. 하나님은 그에게 축복만 약속하지 않고, 낯선 가나안 땅으로 가라는 명령도 했다. 개인적으로 나는 어떻게 그가 하나님의 약속만 붙들고 낯선 곳을 향해 떠날 수 있었는지는 잘 모르겠다. 그러나 아브라함은 그를 향한 하나님의 부르심에 믿음으로 나왔다. 하나님이 그에게 말씀한지 얼마 지나지 않아 그는 그의 삶을 정리하고 아내, 조카, 그리고 그의 모든 소유를 이끌고 하나님이 지시한 곳을 향해 떠났다.

아브라함은 하나님을 위해 모든 것을 포기했지만, 그는 그 후에도 낯선 땅에 정착해 오랫동안 살면서 가족 간에 사소한 갈등, 아내의 불임 등의 문제들을 겪었다. 아들을 주시겠다는 하나님의 약속이 실제로 열매 맺게 되기까지는 25년이라는 세월이 걸렸다. 언제부터인가 오랜 기다림의 세월 속에 아브라함은 자신과 아내 사라가 큰 민족을 이룰 자손들은 고사하고 아이를 가질 수나 있을지 의심하기 시작했다. "아브람이 또 가로되 주께서 내게 씨를 아니주셨으니 내 집에서 길리운 자가 나의 후사가 될 것이니이다"(창 15:3) 그러나 하나님은 인내와 사랑으로 그를 섬겨주셨다. "그를 이끌고 밖으로 나가 가라사대 하늘을 우러러 뭇별을 셀 수 있나 보라 또 그에게 이르시되 네 자손이 이와 같으리라"(창 15:5)

이 말씀은 아브라함의 믿음이 깊어지는 과정을 잘 보여주고 있다. 이 이야기는 다음과 같은 말로 계속 이어진다. "아브람이 여호와를 믿으니 여호와께서 이를 그의 의로 여기시고"(창 15:6) 아브라함은 더 이상 의심을 품지 않았고 하나님과 하나님의 말씀을 믿었다. 그 결과 하나님은 아브라함의 믿음을 기쁘게 여기시고 그의 믿음을 '의'로 여기셨다.

그 후 얼마 되지 않아 하나님은 하나님의 종 아브라함에게 다음과 같이 말씀하심으로써 하나님의 약속을 인치셨다. "내가 너와 내 언약을 세우니 너는 열국의 아비가 될지라 이제 후로는 네 이름을 아브람이라 하지 아니하고 아브라함이라 하리니 이는 내가 너로 열국의 아비가 되게 함이니라 내가 너로 심히 번성케 하리니 나라들이 네게로 좇아 일어나며 열왕이 네게로 좇아 나리라"(창 17:4~6)

구약 시대에는 사람의 이름에 담겨있는 의미가 오늘날보다 더 컸다. 때로 사람의 이름은 그 사람의 삶에 대한 희망 또는 삶의 특징을 나타내었다. 성구사전(Strong's Exhaustive Concordance)에 따르면 아브람이라는 이름은 "고상한 아버지"라는 뜻인 반면, 아브라함이라는 이름은 "열국의 아비"라는 뜻이다. 하나님이 그의 이름을 아브라함으로 다시 지어주신 것은 단순히 호의적으로 그렇게 한 것이 아니라 그가 아브라함에게 주신 약속에 대한 재확인이었다.

오늘날, 아브라함의 가족은 하나님이 그에게 약속하신 대로 중동 지역 국가들을 이루고 있으며, 그 수를 셀 수 없을 정도다. 아랍 국가들은 아브라함이 여종 하갈을 통해 낳은 아들 이스마엘의 자손들이며, 유대 국가는 90세가 된 아내 사라를 통해 기적적으로 얻은 아브라함의 아들 이삭의 자손들이다. 구약에 나오는 수백 개의 이야기들에 따르면 이삭의 후손들은 하나님의 특별한 보호와 축복을 받았다. 다시 말하면 유대인들은 하나님의 택하심의 은혜를 받은 백성이 되었다.

오스왈드 챔버스(Oswald Chambers)는 '주님은 나의 최고봉(My Utmost for His Highest)'에서 아브라함의 인생에 대해 다음과 같이 언급하고 있다. "믿음으로 사는 것은 갈 바를 알지 못하는 삶을 의미한다. 그런 삶은 당신을 인도하는 분을 알고 사랑하는 삶을 뜻한다. 그것은 말 그대로 믿음으로 사는 삶이지 이해와 이성을 바탕으로 사는 삶이 아니다. 그것은 우리를 부르신 하나님을 알아가는 삶이다."

신약성경 중 히브리서는 믿음을 다음과 같이 정의하고 있다. "믿음은 바라는 것들의 실상이요 보지 못하는 것들의 증거니"(히 11:1, NKJV) 나는 이 말씀을 좋아한다. 그 이유는 거기서 '실상'이라는 말을 사용하고 있기 때문이다. 하나님은 우리가 소망에 대한 의미를 알며 그것을 정의할 수 있기를 바란다. 아브라함과 마찬가지로 우리도 하나님이 앞으로 하실 놀라운 일을 비전을 가지고 보지 못하기 때문이다. 사실 하나님께는 능치 못한 일이 없다. 언젠가 하나님은 아브라함과 대면하여 다음과 같이 말한 적도 있었다. "여호

와께 능치 못한 일이 있겠느냐"(창 18:14)

나는 아브라함의 이야기를 읽을 때마다 큰 위로를 받는다. 우리가 믿건 안 믿건 아브라함의 이야기는 하나님의 손에는 우리의 삶을 인도하기 위한 교통지도가 있다는 것을 나에게 상기시켜 준다. 그는 우리가 어떤 사람이든지, 또는 어떤 상황에 처해 있든지 하나님은 우리를 위해 어떤 불가능한 것도 능히 할 수 있다는 것을 상기시켜 준다. 우리 모두가 그렇듯이 아브라함에게도 의심하고 불신하던 때가 있었다. 그는 그가 아버지가 될 것이라는 하나님의 말씀을 듣고 실소를 하기까지 했다(창 17:17). 그러나 그는 하나님이 약속하신 것을 반드시 이루리라는 것을 궁극적으로는 믿었다.

말씀을 의지했던 용사 기드온

아브라함의 이야기는 성경에 나오는 많은 믿음의 이야기들 중에 하나에 불과하다. 도저히 극복할 수 없을 것 같은 상황 속에서 하나님을 믿는 믿음을 배운 흥미로운 인물과 그의 특징을 알아보자. 사사기에는 어떻게 하나님이 의심이 많고 두려움 많은 젊은 청년 기드온에게 미디안의 압제에서 이스라엘을 구원하는 도저히 불가능해 보이는 임무를 맡겼는지에 대한 이야기가 나와 있다.

수년 동안 미디안인들은 메뚜기 떼처럼 이스라엘에 몰려 들어와서 가축을 훔쳐가고, 농사를 망쳐 놓았으며, 엄청난 피해를 주었다. 이스라엘 백성들은 먹고 살기 위해 미디안의 눈을 피해 몰래 수확을 해야 했다. 하나님은 아버지의 포도주 틀에서 미디안의 눈을 피해 밀을 타작하고 있던 기드온을 발견하고 그에게 임무를 맡기기로 했다. 이 이야기는 다음과 같이 기록되어 있다.

"여호와께서 그를 돌아보아 가라사대 너는 이 네 힘을 의지하고 가서 이스라엘을 미디안의 손에서 구원하라 내가 너를 보낸 것이 아니냐 기드온이 그에게 대답하되 주여 내가 무엇으로 이스라엘을 구원하리이까 보소서 나의 집은 므낫세 중에 극히 약하고 나는 내 아비 집에서 제일 작은 자니이다 여호와께서 그에게 이르시되 내가 반드시 너와 함께 하리니 네가 미디안 사람 치기를 한 사람을 치듯하리라" (삿 6:14~16)

이것은 놀라운 약속이었다. 미디안은 7년이라는 긴 세월 동안 강력한 군대를 앞세워 기드온의 백성들을 괴롭혀 왔다. 그들은 무적의 군대처럼 가공할 힘을 가진 것 같았다. 그리고 실제로 그랬다. 그래서 기드온은 전쟁에서 성공을 보장하겠다는 하나님의 약속의 말씀에도 불구하고 성공의 여부를 믿을 수 없었다.

전투를 치르기 전날 밤 그는 공포에 휩싸였다. 그는 '그것이 하나님의 말씀이 아니었다면 어떻게 하지? 내가 잘못들은 것이라면 어떻게 하지?' 라고 생각했다. 그는 두려움으로 인해 하나님께 사인을 보여 달라고 청했다. 주님은 기드온에게 다시 한 번 약속을 보장해 주었고 그가 원하는 대로 해주었다. 기드온이 하나님께 청한 것은 무엇이었는가? 우리 중에 많은 이들이 하듯이 그는 두 가지 사인들을 구했다(삿 6:17~40을 보라). 하나님은 또 다시 그의 요구를 들어주셨다. 그러나 기드온은 계속 염려하고 두려워했다. 전투가 있던 날 아침, 모든 사람들이 전투에 나갈 준비를 하고 있을 때였다. 하나님은 기드온에게 인간적으로는 도저히 납득할 수 없는 일을 감행하도록 했다. "여호와께서 기드온에게 이르시되 너를 좇은 백성이 너무 많은즉 내가 그들의 손에 미디안 사람을 붙이지 아니하리니 이는 이스라엘이 나를 거스려 자긍하기를 내 손이 나를 구원하였다 할까 함이니라 이제 너는 백성의 귀에 고하여 이르기를 누구든지 두려워서 떠는 자여든 길르앗산에서 떠나 돌아가라 하라"(삿 7:2~3)

기드온은 대경실색했다. 그러나 그는 하나님이 그에게 주신 작은 믿음으로 하나님이 하라고 하신 것에 순종했다. 2만 2천 명이 집으로 돌아갔고, 1만 명만 남아서 기드온과 함께 미디안과의 전쟁을 치를 준비가 되었다. 그러나 하나님은 기드온에게 아직도 병사의 수가 너무 많다고 하면서 남아 있는 병사들에게 강으로 내려가서 물을 마시도록 명령하라고 했다. 그때 강으로 내려가서 무릎을 꿇고 강물을 입으로 직접 들이키는 자들은 집으로 돌려보내고 강물을 손으로 떠서 마시는 자는 전투에 나가 싸우도록 하였다.

병사들은 강물로 가서 물을 마셨고 1만 명 중에 3백 명만이 손으로 물을 떠서 마셨다. 승리를 위해 하나님께 세 번씩이나 사인을 구할 정도로 두려움에 떨었던 기드온은 이 3백 명을 가지고 도대체 뭘 할 것인가 하며 놀라 소스라쳤을 것이다. 그러나 하나님은 기도온과 이스라엘 백성에게 전쟁은 자기에게 속한 것이 아니라 하나님께 속한 것임을 교훈하려고 한 것이었다.

그날 밤 하나님은 기드온을 미디안의 군대 진영 안으로 들어가게 하셨다. 그는 수풀 속에 숨어서 적군의 보초병 두 명 중 하나가 그가 꾸었던 이상한 꿈 이야기를 하는 것을 엿듣게 되었다. 그 꿈은 하늘에서 보리떡 하나가 떨어져서 미디안 진을 파했다는 내용이었다. 그 당시에는 많은 사람들이 예언적인 꿈을 꾸었기 때문에 그 보초병은 꿈으로 인해 마음이 뒤숭숭했다. 그런데 그의 이야기를 듣고 있던 다른 보초병은 그 꿈을 다음과 같이 해석했다. "그 동무가 대답하여 가로되 이는 다른 것이 아니라 이스라엘 사람 요아스의 아들 기드온의 칼날이라 하나님이 미디안과 그 모든 군대를 그의 손에 붙이셨느니라 하더라"(삿 7:14)

그 보초병의 대담한 예언은 미디안 진영에 산불처럼 번졌고 미디안 군들은 공포에 떨기 시작했다. 하나님은 그들의 두려움의 허를 찌를 수 있는 전략을 기드온에게 가르쳐준 것이다. 그날 밤 기드온과 그의 용사들은 손에 횃불과 빈 항아리와 나팔을 들고 미디안 진영을 포위했다. 그리고 기드온이 이스라엘 군사들에게 신호를 보내자 군사들은 나팔을 불고, 항아리를 깨뜨리면서 일제히 "여호와와 기드온의 칼이여"라고 소리쳤다.

이 이야기가 황당하게 들릴지 모르지만 그래도 전략은 성공적이었다. 이스라엘 군사들의 외침은 잠자고 있던 미디안 군대를 순식간에 덮쳐 그들을 완전히 혼란에 빠지게 만들었다. 이 강력한 미디안 군사들은 기드온이 병거들과 수많은 군사들을 이끌고 그들을 덮친 것이라고 생각했다. 그들은 어두움 속에서 누가 적군인지 누가 아군인지도 알지 못한 채 자기들끼리 싸우며 깨지고 넘어졌다. 많은 미디안 군사들이 도망쳤다. 그날 이스라엘 군사들이 미디안을 이겼고 기드온은 40년간 이스라엘에 평화를 가져다주었다.

엘리자베스 엘리어트(Elisabeth Elliot)는 이런 말을 했다. "믿음의 눈은 인간의 눈이 보는 현실 저 너머를 본다." 기드온은 처음에는 겁쟁이처럼 행동했었다. 그러나 엘리어트는 기드온은 전투에 나가 싸우기 위해 현재 상황을 바라보지 않고 하나님의 말씀만을 의지하면서 초자연적인 능력에 믿음의 시선을 집중했다고 말한다. 우리 모두처럼, 그리고 아브라함처럼 기드온도 염려하고 두려워했다. 그러나 그는 하나님의 약속을 붙들었다.

나는 이 이야기를 무척 좋아한다. 그 이유는 이 이야기가 작은 믿음을 통해 하나님이 얼마나 큰일을 하실 수 있는지를 잘 보여주기 때문이다. 또한 이 이야기는 하나님의 방법은 우리의 방법과는 다르다는 것을 상기시켜 준다. 때로 하나님은 군사의 수와 무관하게 전략을 세운다. 그럼에도 불구하고 결국 그 전략은 성공적이라는 것이 입증될 뿐만 아니라 하나님의 영광을 드러낸다.

우리는 기드온처럼 물리적인 전쟁을 치를 가능성은 없다. 그러나 우리는 매일 전쟁을 치른다. 그 전쟁은 우리에게 믿음을 요구한다. 이런 전쟁들 중에 많은 것들이 승리가 불가능해 보인다. 그러나 우리가 하나님의 신실하심을 배우게 되면, 하나님이 우리를 원수에게 조롱당하도록 내버려 두지 않을 것이라는 것을 깨닫기 시작한다. 우리가 하나님을 의지하고 신뢰할 때 기드온처럼 우리도 어떤 문제나 상황도 다 이겨낼 수 있다.

승리의 길로…

아브라함과 기드온에 관한 이야기는 매우 강력한 힘을 가지고 있다. 그 이유는 그 이야기들이 우리를 사랑하시고 항상 우리에게 최고의 관심을 가지고 계시는 창조주가 우리 곁에 있다는 것을 상기시켜 주기 때문이다. 그 놀라운 이야기들을 읽다보면 우리의 믿음도 놀랍게 성장한다. 또한 성경에는 하나님이 그의 자녀들에게 주시는 축복이 나타나 있어서 우리에게 희망을 준다. 그 외에도 성경은 우리에게 영적인 힘을 공급해주고 전투전략을 제공해준다.

인생은 영적인, 그리고 현실적인 함정들로 가득하다. 샌디에고에 있는 우리 집 주변은 풀, 나무, 꽃, 다람쥐, 매, 코요테, 방울뱀들로 가득한 협곡들로 이루어져 있다. 나는 이 사암 벼랑으로 내려가서 아름답게 펼쳐지는 경치를 둘러보는 것을 좋아한다. 그 길을 걷다보면 여러 가지 작은 동물들, 그리고 덩치가 꽤 큰 동물들과도 여러 번 마주치게 된다. 이 중 내가 마주치고 싶지 않은 동물은 비단뱀이다. 그래서 나는 숲이 우거진 곳을 피해 이미 사람들의 발길이 나 있는 오솔길을 따라 크게 휘파람을 불면서 걷는다. 그러나 우리 집 개는 두려움이 없다. 개는 여기저기를 막 돌아다니며 바위틈이나 구멍이 난 곳이 있으면 코를 들이밀고 냄새를 맡는다. 그러다가 비단뱀이 있는 것 같은 위험을 감지하면 매우 조심스러워 진다.

우리 집 주변의 협곡을 산보하는 것에 대해 내가 위에서 잠깐 언급했던 내용을 통해 쉽게 짐작할 수 있듯이 우리 집 주변에는 여러 위험들이 도사리고 있다. 이와 마찬가지로 성경에서도 영적으로 위협을 주는 세상의 것들에 대해 말하고 있다. 영적인 전쟁은 인종과 국경을 초월해서 수많은 남자, 여자, 어린이들이 매일 겪고 있다. 이 전쟁은 선과 악의 전쟁이며, 빛의 근원이신 하나님과 어둠의 권세 잡은 자인 마귀 간의 전쟁이다.

성경은 우리에게 이 전쟁에 적극적으로 열심을 가지고 참여해야 한다고 말하고 있다. 그렇기 때문에 우리는 항상 깨어 있어야 한다. 역사상 그 어떤 책도 영적인 전쟁과 이 전쟁에서의 크리스천의 역할에 대해 성경만큼 분명하게 다루고 있는 책은 없다. 사도 바울은 에베소서에서 이 전쟁에 대해 언급하면서 에베소 성도들이 깨어있도록 촉구하고 있다. 에베소서에서 바울은 이렇게 기록하고 있다.

"종말로 너희가 주 안에서와 그 힘의 능력으로 강건하여지고 마귀의 궤계를 능히 대적하기 위하여 하나님의 전신갑주를 입으라 우리의 씨름은 혈과 육에 대한 것이 아니요 정사와 권세와 이 어두움의 세상 주관자들과 하늘에 있는 악의 영들에게 대함이라 그러므로 하나님의 전신갑주를 취하라 이는 악한 날에 너희가 능히 대적하고 모든 일을 행한 후에 서기 위함이라 그런즉 서서 진리로 너희 허리 띠를 띠고 의의 흉배를 붙이고 평안의 복음의 예비한 것으로 신을 신고 모든 것 위에 믿음의 방패를 가지고 이로써 능히 악한 자의 모든 화전을 소멸하고 구원의 투구와 성령의 검 곧 하나님의 말씀을 가지라 모든 기도와 간구로 하되 무시로 성령 안에서 기도하고 이를 위하여 깨어 구하기를 항상 힘쓰며 여러 성도를 위하여 구하고"(엡 6:10~18)

영적인 전쟁을 두려워하지 말라. 믿음의 사람으로서 당신은 영적인 무장을 갖춤으로써 스스로를 보호하라. 나는 오랫동안 목회사역을 섬기면서 서글프게도 대부분의 사람들이 이 사실을 깨닫지 못함으로 하나님의 능력을 덧입지 못한다는 것을 알게 되었다. 그들은 세상에서 너무 바쁘게 사느라 거의 무장을 갖추지 못한 상태로 인생을 살아간다.

아브라함과 기드온은 하나님의 약속이 열매 맺기까지 많은 위기들을 견뎌내었다. 만약 아브라함이 믿음 없이 인생을 살았다면 그의 인생이 어떻게 되었을까? 만약 기드온이 하나님이 주신 믿음이라는 무기 없이 혼자 힘으로 미디안과 싸우러 갔다면 어떻게 되었을까? 하나님은 우리에게 스스로를 방어할 수 있도록, 그리고 지역사회 내에 존재하는 장애물들을 이겨내고 복음을 전파할 수 있도록 도구를 주셨다. 에베소서는 당신에게 크리스천으로서 영적인 투구, 흉배, 검, 방패로 무장을 하라고 말하고 있다. 당신은 영적인 무장을 하고 있는가? 사도 바울은 영적인 무장의 목적이 마귀의 계략에 맞서기 위함이라고 말하고 있다.

영적인 전쟁이라는 것이 당신에게 생소한 말일 수도 있다. 그러나 당신이 영적인 전쟁이라는 말을 처음 들었든지, 아니면 여러 번 들었든지 영적전쟁이라는 이 믿음의 성장과 관련된 개념에 대해 생각해보면서 기도해볼 수 있는 시간을 가지라. 그렇게 할 때 하나님의 성령이 오직 성령을 통해서만 알 수 있는 것들을 당신에게 나타내 보여줄 것이다.

말씀을 두드려

아브라함과 기드온의 이야기에서, 그리고 사도 바울의 말에서 우리가 배웠던 것처럼 우리에게 믿음을 주시는 분은 하나님이시다. 이 믿음은 적극적이고 강력한 믿음이다. 이 믿음은 우리를 하나님께 더 가까이 나아가도록 하며, 불가능한 임무들을 달성하게 하고, 마귀의 함정을 능히 이기게 하며, 하나님을 기쁘시게 하는 삶을 살 수 있도록 힘을 준다.

사랑하는 사람들과의 관계와 마찬가지로 하나님과 우리의 관계도 절대로 정체되어 있어서는 안 된다. 우리는 믿음에서 성장하기를 항상 갈망해야 한다. 성경은 성장의 근원이다. 하나님의 말씀에 기초해서 믿음으로 살라. 그러면 당신은 잘못된 길로 빠질 일이 없을 것이다.

나는 당신에게 앞으로 며칠 간 조용한 장소를 찾아보라고 하고 싶다. 전화벨 소리가 울리지 않고, 개도 짖지 않고, TV 소리가 들리지 않는 장소 말이다. 그리고 그곳에서 특별히 당신의 마음에 와 닿는 의미 깊은 말씀들을 암송하고, 성경이 당신의 삶에 얼마나 중요한지를 깊이 생각해보라.

속으로 '오늘 내가 부딪치게 될 어려움과 장애물에는 어떤 것들이 있을까?' 라고 물어보라. 당신은 하나님이 아브라함과 기드온의 인생에 분명한 목적을 두셨던 것처럼 당신의 인생에도 목적을 두고 있다는 것에 대한 보증이 필요한가? 당신은 변화를 겪고 있는가? 또는 불가능해 보이는 어려운 상황에 직면하고 있는가? 당신이 어떤 문제로 씨름을 하고 있든지 성경은 당신에게 지침을 주고 도움을 줄 수 있다. 내가 좋아하는 성경말씀 중에 또 한 말씀은 "주의 말씀은 내 발에 등이요 내 길에 빛이니이다"(시 119:105)라는 말씀이다.

만약 당신이 놀라운 믿음의 삶을 살고 싶다면, 성경을 읽고 싶다면, 성경을 배우고 싶다면, 성경을 매일의 삶에 적용하고 싶다면 하나님의 감동이 넘치는 말씀이 당신을 바른 길로 인도하도록 하고 책망하도록 하라. 하나님의 진리를 부끄러워하지 말라. 하나님의 말씀이 당신을 의로운 삶으로 인도해줄 수 있도록 하라. 당신이 성경을 읽고 배울수록 당신은 믿음의 계단을 높이 더 높이 오를 것이다.

8

고난 관리

성경은 고난과 마음의 고통을 다루는 방법을 우리에게 보여준다.

"우리는 항상 풀무질과 망치질을 당한다.
하나님은 고난을 통해 우리를 당신의 형상으로 빚으신다."

헨리 워드 비처(Henry Ward Beecher)

◆◇◆◇◆

고대 도시 안디옥은 번창하고 있는 레바논 북쪽에 위치한 지중해 항구도시였다. 안디옥은 홍해와 페르시아 걸프만을 따라 형성된 무역로에 아주 이상적으로 자리 잡고 있어서 여러 종류의 사람들이 어울려 살아가고 있었다. 안디옥은 시리아인들, 로마인들, 그리이스인들, 아랍인들로 북적거렸고, 상업도시로 널리 알려졌을 뿐만 아니라 문화로도 유명했다.

1930년대 프린스톤대학의 고고학자들이 안디옥이 있던 자리를 발굴해 보았다. 이 발굴 작업으로 모자이크로 아름답게 장식된 바닥, 동전들, 기타 중요한 비문들과 공예품들이 발견되었다. 그러나 안디옥은 단순히 중요한 문화적인 중심만은 아니었다. 안디옥은 초기 교회성장의 중심지였다. 안디옥은 사도 바울이 세 차례에 걸친 그의 선교여행을 시작한 장소였다. 많은 학자들에 의하면 안디옥은 누가복음과 마태복음이 기록된 곳이기도 하다. 가장 중요한 것으로는 예수님을 따르는 자들이 처음으로 '그리스도인'이라고 불렸던 장소가 바로 안디옥이었다는 사실이다(행 11:26을 보라).

중요한 상업의 중심지이자 커뮤니케이션의 중심지였던 곳에서 신자들이 그리스도인이라는 명칭으로 불리기 시작했다는 것이 나에게는 아주 인상적이었다. 안디옥 사람들이 신자들에게 주목하게 된 것은 성령이 대중들에게 깊은 영향을 주었기 때문일 것이다. 당신은 그렇게 급속도로 팽창하는 도시가 일개의 목수의 가르침을 따르는 자들로 이루어진 작은 무리에게 관심 갖게 된 것에 대해 그 외에 다른 원인이 있을 것이라고 생각해 본적이 있는가?

나는 고대 크리스천들이 이웃들의 관심을 끌기에 충분한 방식으로 살았음에 틀림이 없다고 생각한다. 매일매일 생겨나는 문제들과 고통스러운 상황들을 향한 크리스천들의 대처방식은 그들이 속한 지역사회공동체에 깊이 영향을 끼쳤다. 21세기 크리스천들은 과연 세상 사람들이 눈여겨 볼만한 그런 방식으로 살아가고 있는가? 나는 21세기 크리스천들이 그런 방식으로 살아가려면 성경을 깊이 읽어보는 것부터 시작해야 한다고 생각한다. 왜냐하면 성경은 매일의 삶의 어려움들을 능히 이길 수 있도록 필요한 도구들을 우리에게 제공해주기 때문이다. 우리는 믿음의 선진들처럼 문제와 역경 중에서도 오히려 은혜를 누리는 삶을 살아감으로써 우리 주변의 모든 사람들에게 그리스도를 증거할 수 있어야 한다.

여전히 동일한 능력의 말씀

나는 척 목사님이 인도했던 이사야서 성경공부에서 배웠던 것이 지금도 생생하게 기억난다. 성경공부 시간 동안 척 목사님은 제1차 세계대전에서 영국군대를 이끌었던 유명한 장군 에드먼드 알렌바이(Edmund Allenby)의 이야기를 해주었다.

크리스마스가 다가오고 있을 때였다. 알렌바이는 하누카 축제일이 시작되기 전에 적군의 요새를 격파시키기 위해 예루살렘으로 군대를 이끌고 가려고 하고 있었다. 그것은 엄청난 임무였다. 그래서 장군은 정찰을 위해 먼저 도시 상공으로 비행기를 띄웠다. 그는 적군이 가장 저항을 많이 하는 곳이 어디인지를 알아내어 적군이 숨어 있는 바로 그곳을 정밀조준 하여 폭격하고 싶어 했다.

조종사는 한 개의 엔진을 가진 비행기로 도시 상공을 매우 낮게 천천히 비행했다. 영국군들은 그 미션을 통해 그들이 기대했던 것보다 훨씬 많은 것을 얻었다. 적군들은 영국군들이 공중폭격을 할 것이며, 그 후에는 안전을 위해 도시에서 즉각 철수할 것이라고 생각했던 것이 분명했다. 알렌바이 장군은 고대 도시 예루살렘에 아무 손상도 주지 않고 그곳을 향해 행진했다. 단 한 대의 비행기로, 폭격도 전혀 없이 대치상황은 끝이 났다.

척 목사님은 이 이야기를 하면서 그것을 이사야서에 나온 어느 성경구절과 관련시켰다. “새가 날개 치며 그 새끼를 보호함 같이 나 만군의 여호와가 예루살렘을 보호할 것이라 그것을 호위하며 건지며 넘어와서 구원하리라 하셨나니”(사 31:5)

하나님은 수천 년 전에 그 고대 도시를 보호하시겠다고 약속했다.

그리고 하나님은 그 약속을 지켰다.

나는 성경을 배우는 젊은 학생으로서 그 성경구절을 들으면서 성경말씀이 수천 년 전이나 지금이나 크리스천들에게 똑같은 능력으로 역사한다는 것을 깨달았다. 하나님은 성경을 통해 하나님이 어떤 분인지, 그리고 우리에게 어떤 것을 약속했는지를 가르쳐 줄뿐만 아니라 성경을 통해 우리가 어떤 힘들고 어려워 보이는 문제와 상황들도 능히 이겨내도록 해주신다. 그리고 우리는 이스라엘 백성들과 같이 하나님을 신뢰하고 하나님을 의지하는 것을 배울 수 있다.

우리의 힘의 근원

샌디에고의 우리 교회 성도들은 최근에 샌디에고 미션 베이 파크(Mission Bay Park)에서 30주년 기념행사를 가졌다. 물로 가득한 2천 에이커(약 1,861만m²)가 넘는 이 거대한 만은 수상스키, 제트스키, 배타기, 카약을 타기에 아주 좋은 장소이다. 조깅을 하는 사람들은 미션 베이 파크의 주변을 달리면서 아름다운 경관을 즐기는 것을 좋아한다. 그 30주년 기념행사에서 수천 명이 잔디위에 앉아 만을 바라보고 하나님께서 30년 동안 베풀어주신 은혜에 감사하며 예배를 드렸다. 우리는 음악과 무료 바비큐를 제공했으며, 어린이들을 위해 탈 수 있는 여러 가지 놀이기구들과 게임들도 준비했다. 또한 우리는 수백 명의 사람들에게 세례를 베풀었고 그들 중에 어떤 이들은 그날 아침 그리스도를 영접했다.

그로부터 네 시간이 지난 후에 모든 순서가 끝나고 집으로 돌아갈 시간이 되었다. 내가 주차장으로 걸어가고 있었을 때 보호자를 동반하고 있는 청소년 나이의 여자아이들이 운전을 하다가 차를 잠깐 내 앞에 멈춘 후 나에게 인사를 했다. 그들의 머리카락은 젖어 있었고, 손에는 수건을 들고 있었으며, 얼굴에는 밝은 미소가 가득했다. 그들은 그날이 "그들을 위한 날"이었다고 말했다. 나는 거대한 영적 드라마의 한 부분에서 내가 작은 역할을 해내었다는 것을 깨닫고 그들에게 미소로 답했다. 그 여자아이들은 그날 그들의 인생에서 가장 중요한 부분을 경험한 것이다.

세례는 신나는 경험이다. 왜냐하면 세례는 크리스천으로서 새로운 삶이 시작되었다는 것을 상징하기 때문이다. 그처럼 이 여자아이들에게 있어서 세례는 특히 감동적인 사건이었다. 그들은 얼마 전만 해도 노숙자들이었다. 이제 그들은 길거리를 떠나 우리 교회 여자 성도들에게 훈련을 받고 있으며, 최근에는 크리스천들의 집에 머물고 있다. 성경에는 하나님의 사랑과 구원이 영적인 의미에서의 "새 삶"의 시작이라고 말하고 있다. 그런데 때로는 하나님의 사랑과 구원이 실제로도 새 삶을 시작하게 하는 경우도 많다. 이 여자아이들은 여러 면에서 새로운 삶을 시작하고 있었다.

나는 주차장에 서서 이 사랑스럽고 쾌활한 어린 숙녀들과 대화를 하면서 감동에 젖었다. 나는 목이 메었다. 그들의 삶은 하나님의 능력을 보여주는 놀라운 간증이었다. 나는 차 뒷문에 기대고 서서 열린 창문을 통해 그들에게 말했다.

"얘들아, 지금까지 사는 것이 힘들었지."

그들은 동의하며 고개를 끄덕였다.

"그러나 하나님은 너희들을 축복하시고 너희의 모든 죄들을 다 용서 해 주셨어. 이제 너희들 앞에는 밝은 미래가 기다리고 있단다. 너희들은 이제 노력하기만 하면 훌륭한 사람이 될 수 있어. 이제 과거는 잊어버리고 예수님을 위해 살아라."

나는 그들의 얼굴이 빛나는 것을 보며 "물론 쉽지는 않을 거야. 너희들은 섹스, 마약, 알코올을 멀리하려고 노력해야 해. 그리고 지금 너희들이 사랑을 받고 있는 것처럼 너희들도 다른 사람들을 사랑해 줘야 한다"라고 덧붙였다.

다른 사람들이 들으면 내가 그들에게 했던 말들이 좀 비현실적으로 들렸을지도 모른다. 어떻게 수년 동안 폭력, 마약, 절망 속에서 창녀로 살아가던 이 노숙자 여자아이들이 갑자기 삶을 완전히 바꾸고 하나님을 따를 수 있단 말인가? 물론, 그들은 할 수 있다. 그리고 그들은 실제로 그렇게 했다. 그 이유는 하나님이 그들에게 그렇게 할 수 있는 힘을 주시기 때문이다. 몇 달 동안 성경공부와 교제를 하면서 이 여자아이들은 전에는 한 번도 경험해보지 못한 내적인 힘을 얻게 되었다. 그들은 하나님에 관해 배우면서 성령으로 충만해졌고, 어떻게 그들의 필요를 하나님께 간구하며 또 하나님을 의지할 수 있는지를 배웠다.

다윗 왕은 하나님과의 친밀한 교제에 대해 다음과 같이 말했다. "여호와는 나의 분깃이시니 나는 주의 말씀을 지키리라 하였나이다 내가 전심으로 주의 은혜를 구하였사오니 주의 말씀대로 나를 긍휼히 여기소서 내가 내 행위를 생각하고 주의 증거로 내 발을 돌이켰사오며 주의 계명을 지키기에 신속히 하고 지체치 아니하였나이다" (시 119:57~60)

만약 당신과 내가 하나님의 말씀을 심령에 붙들고 하나님을 믿는다면, 하나님은 우리의 힘이 되어주실 것이다. 혼자서 인생을 헤쳐

가려는 자는 때로 인생의 어려움 앞에서 절망하게 된다. 그것은 대개 어려운 관계 또는 과거의 고통스러운 기억으로 인한 스트레스와 같은 어려움이다. 그러나 성경은 우리가 우리 자신을 의지해서는 안 된다고 거듭 말해주고 있다. 우리의 힘은 하나님에게 있다. 하나님은 삶의 좌표로 삼을 수 있도록 우리에게 하나님의 말씀을 주셨다. 하나님의 말씀은 완벽한 힘과 위로의 근원이다.

믿음의 선진들로부터의 배움

나는 큰 교회를 이끄는 목사로서 우리 크리스천들이 온갖 어려움을 겪는 것을 많이 봤다. 간통, 실직, 알코올중독, 학업실패, 또는 중병… 등 이 중 어떤 것이든지 간에 어려움은 우리에게 두 가지 결과 중 하나를 가져온다. 하나는 의로운 성품을 갖게 하는 것이고, 다른 하나는 원망을 품게 하는 것이다. 당신과 내가 어떤 길을 택하느냐에 따라 우리에게 돌아오는 영예도 달라질 것이다.

내가 성경을 사랑하는 또 한 가지 이유는 성경이 소망을 하나님에게 두고 좁은 길을 택했던 믿음의 선진들에 관한 이야기들을 통해 부정적인 상황들을 이겨낼 수 있는 힘을 나에게 주기 때문이다. 예를 들면, 구약에는 다윗 왕의 고뇌에 찬 기도들이 나와 있다. 수년 동안 사울 왕은 다윗이 왕위에 오르지 못하도록 그를 죽이기 위해 온 나라를 뒤지며 그를 좇았다. 그로 인해 다윗은 집을 떠나 도망자가 되었다. 그는 그 과정에서 내가 제5장에서 언급했던 조나단과의 아름다운 우정을 더 이상 유지할 수가 없었다. 그러나 그런 인생의 어려움도 다윗을 하나님으로부터 멀어지게 하진 못했다. 오히려 다윗은 고난으로 인해 하나님께 더 가까이 나갔다.

문제를 해결하기 위해 다윗은 정직과 순전함으로 그의 마음을 열고 하나님 앞에 기도와 찬송을 수도 없이 했다. 다윗은 하나님을 찬양했으며, 하나님께 물어보았고, 하나님을 즐거워했다. 예를 들면, 시편에 나오는 그의 수많은 기도 중에 하나는 그가 젊은 시절 왕으로 있을 때 쓴 것이다. "내가 소리 내어 여호와께 부르짖으며 소리 내어 여호와께 간구하는도다 내가 내 원통함을 그 앞에 토하며 내 우환을 그 앞에 진술하는도다 내 심령이 속에서 상할 때에도 주께서 내 길을 아셨나이다 나의 행하는 길에 저희가 나를 잡으려고 올무를 숨겼나이다"(시 142:1~3)

다윗 왕처럼 사도 바울도 아주 힘든 상황에 부딪혔다. 그는 고린도서에 그가 당했던 고난들을 나열하고 있다.

"유대인들에게 사십에 하나 감한 매를 다섯 번 맞았으며 세 번 태장으로 맞고 한 번 돌로 맞고 세 번 파선하는데 일주야를 깊음에서 지냈으며 여러 번 여행에 강의 위험과 강도의 위험과 동족의 위험과 이방인의 위험과 시내의 위험과 광야의 위험과 바다의 위험과 거짓 형제 중의 위험을 당하고 또 수고하며 애쓰고 여러 번 자지 못하고 주리며 목마르고 여러 번 굶고 춥고 헐벗었노라 이 외의 일은 고사하고 오히려 날마다 내 속에 눌리는 일이 있으니 곧 모든 교회를 위하여 염려하는 것이라 누가 약하면 내가 약하지 아니하며 누가 실족하게 되면 내가 애타하지 않더냐"(고후 11:24~29)

바울은 복음을 위해 정말 많은 고난을 견디어 냈다. 바울의 고난들을 보면 우리가 우리의 삶 속에서 겪는 고난들은 아무것도 아니게 느껴질 정도다. 다윗과 마찬가지로 바울도 그 어둡고 캄캄한 시간들을 이겨내기 위해 하나님을 바라보았다. 그 결과 하나님은 그를 위로해주셨을 뿐만 아니라 그에게 고난을 견딜힘도 주셨다. 나중에 바울은 그가 고난을 마음으로 받아들이는 계기가 되었던 사건에 대해 언급했다. "내게 이르시기를 내 은혜가 네게 족하도다 이는 내 능력이 약한 데서 온전하여짐이라 하신지라 이러므로 도리어 크게 기뻐함으로 나의 여러 약한 것들에 대하여 자랑하리니 이는 그리스도의 능력으로 내게 머물게 하려 함이라 그러므로 내가 그리스도를 위하여 약한 것들과 능욕과 궁핍과 핍박과 곤란을 기뻐하노니 이는 내가 약할 그 때에 곧 강함이니라"(고후 12:9~10)

핵심은 이것이다. 비록 바울은 우리 중 누구보다 고난을 많이 당했지만 그는 고통 속에 빠지지 않았다. 그는 초대교회에 희망과 권유로 가득한 수많은 서신들을 보냄으로써 그가 당한 고난과 핍박을 궁극적으로 다른 사람들을 격려하는데 사용했다. 사도 바울이 에베소교회에 말한 것을 들어보라.

"그러므로 너희에게 구하노니 너희를 위한 나의 여러 환난에 대하여 낙심치 말라 이는 너희의 영광이니라 이러하므로 내가 하늘과 땅에 있는 각 족속에게 이름을 주신 아버지 앞에 무릎을 꿇고 비노니 그 영광의 풍성을 따라 그의 성령으로 말미암아 너희 속사람을 능력으로 강건하게 하옵시며 믿음으로 말미암아 그리스도께서 너희 마음에 계시게 하옵시고 너희가 사랑 가운데서 뿌리가 박히고 터가 굳어져서 능히 모든 성도와 함께 지식에 넘치는 그리스도의 사랑을 알아 그 넓이와 길이와 높이와 깊이가 어떠함을 깨달아 하나님의 모든 충만하신 것으로 너희에게 충만하게 하시기를 구하노라"(엡 3:13~19)

당신이 믿음에서 장성하면 당신도 다른 사람들을 도울 수 있게 될 것이다. 왜냐하면 당신도 한 때 "그 사람들의 입장에 있어보았기 때문이다." 내가 깊이 생각해보지 않고 경솔하게 이런 말을 하는 것은 아니다. 이것은 사실이다. 당신이 약한 중에서 하나님이 주시는 힘을 경험했을 때 당신은 주변 사람들을 도울 수 있는 사람이 된다. 당신에게는 다른 사람들에게 줄 것이 더 많아진다. 당신은 다른 사람들을 격려하는 것, 불쌍히 여기는 것, 사랑하는 것들을 더 잘할 수 있게 되며, 하물며 기도하는 것까지도 더 잘할 수 있게 된다.

우리는 우리가 가지지 못한 것들을 사람들에게 줄 수는 없다. 만약 우리가 하나님과 다른 사람들을 깊이 사랑하기 원한다면, 우리가 사람들이 믿음으로 살도록 돕고 싶다면, 우리도 바울과 마찬가지로 반드시 고난을 경험해봐야 하고, 또 하나님 안에서 힘을 얻는 것을 배워야 한다.

성경적 위기관리의 원리

나 스스로 목사로서 좋다고 생각되는 점은 고난을 이겨낼 수 있도록 우리 교회 성도들을 도와줄 수 있다는 점이다. 실제로 나는 사람들이 문제를 극복하도록 돕는 것을 즐긴다. 나는 매주 인생 여정 중에 있는 사람들을 열 명이상 만난다. 그리고 나는 결혼식에서 주례를 하든지, 또는 장례식을 집도하든지 하나님께서 내게로 인도하신 사람들을 도움으로써 참 만족을 느낀다. 사역자로서 오랜 세월을 보낸 결과 나는 인생의 좌절을 다루는 다섯 가지 원리들을 발견하게 되었다. 나는 이 다섯 가지 원리들을 성경말씀과 연결시켰다.

이 성경말씀들은 내가 "생명의 구절"이라고 부르는 말씀들이다. 이 성경구절들은 성경을 읽다보면 당신의 마음에 더 다가오는 것처럼 느껴지는 구절들이다. 그리고 이런 형태의 성경구절들은 마치 오랜 친구와 같다. 이 성경구절들은 당신이 필요로 할 때 언제든지 당신의 마음에 찾아와 준다. 만약 당신이 인생을 살다가 어떤 문제를 만나 성경에서 방향과 격려를 얻으려고 한다면 당신은 하나님이 말씀을 통해 당신에게 보여주시는 것으로 인해 놀라움을 금치 못하게 될 것이다. 이 말씀들은 수년 동안 나의 마음에 머무르면서 내가 인생에서 어려운 때를 이겨낼 수 있도록 도와주었다. 나는 이 원리가 당신에게도 도움이 되기를 바란다.

원리 1: 과거를 잊으라. — 미래를 향해 나아가라.

"형제들아 나는 아직 내가 잡은 줄로 여기지 아니하고 오직 한 일 즉 뒤에 있는 것은 잊어버리고 앞에 있는 것을 잡으려고 푯대를 향하여 그리스도 예수 안에서 하나님이 위에서 부르신 부름의 상을 위하여 좇아가노라"(빌 3:13~14)

당신은 과거의 충격이나 실수에 얽매여 있는가? 당신이 저지른 행동을 평가해보고 과거를 통해 교훈을 얻는 것은 분명히 가치 있는 일이다. 그리고 과거의 상처와 위기에서 치유 받는 시간을 스스로에게 어느 정도 주는 것도 중요하다. 그러나 거기에 깊이 빠지지는 말라. 나는 목사로 지내면서 과거의 기억들로 인해 아무것도 할 수 없게 되어버린 사람들을 자주 보게 된다. 그들은 미래를 위해 하나님이 제시하는 새로운 희망을 보려하지 않으며 또 볼 수도 없는 것처럼 보인다. 그런 일이 일어날 때 나는 그들에게 이제는 스스로를 용서하고, 또 다른 사람들을 용서해야 할 때이며, 하나님의 도우심을 의지하여 앞으로 나아갈 때라고 말한다. 나는 치료의 과정을 졸속으로 만들려는 것도 아니며, 유창한 답을 주려하는 것은 결단코 아니다. 그러나 "이미 지나간 것들"을 잊으려고 결심해야 할 때가, 그리고 하나님도 그것을 잊었다는 것을 믿어야 할 때가 반드시 있다.

다행스럽게도 신약에는 과거를 잊는 것에 어려움을 겪는 사람들을 위한 격려의 말들이 가득하다. 바울은 고린도후서 전체에 걸쳐 복음을 위해 그가 당했던 심한 고난들에 대해 말하고 있다. 그러나 바울은 하나님의 약속만을 바라보면서 자기 자신과 고린도 성도들에게 계속 앞을 향해 나아가도록 하고 있다. "우리의 잠시 받는 환난의 경한 것이 지극히 크고 영원한 영광의 중한 것을 우리에게 이루게 함이니"(고후 4:17)

만약 당신이 과거에 집착하면서 계속 거기에 머물러 있게 되면 당신은 정체될 것이다. 그러므로 나는 어려움과 마음의 고통을 이겨낼 수만 있다면, 그리고 예수님을 위해 계속 앞으로 나아가기만 할 수 있다면 무엇이든지 다 하라고 권하고 싶다. 인생은 짧다, 그리고 우리 앞에는 "영원한 영광"이 우리를 기다리고 있다.

원리 2: 용서를 실천하라.

"비판치 말라 그리하면 너희가 비판을 받지 않을 것이요 정죄하지 말라 그리하면 너희가 정죄를 받지 않을 것이요 용서하라 그리하면 너희가 용서를 받을 것이요"(눅 6:37)

당신의 형제가 당신의 신뢰를 저버린다. 당신의 배우자가 당신의 가장 친한 친구와 바람을 피운다. 당신의 룸메이트가 다른 곳으로 이사하기 전에 당신이 오랫동안 수집한 소중한 CD들을 훔쳐 가버린다. 당신의 직장동료가 당신에 대해 나쁜 소문을 퍼트린다. 이런 예들처럼 때로 우리의 고통은 단순히 어떤 불운한 상황들 때문이 아니라 사람들의 고의적인 죄로 인한 직접적인 피해일 때가 많다. 우리는 다른 사람들이 우리에게 고통을 줄 때 억울하다는 느낌과 원망에 사로잡히기가 쉽다.

그러나 그런 고통에도 불구하고 성경은 용서하라고 우리에게 명령한다. 내가 제5장에서 말했던 바와 같이 용서는 성경에 가장 자주 등장하는 주제 중에 하나이다. 예수님은 우리에게 형제자매를 용서하라고 거듭 말한다. 그리고 성경 전체에 걸쳐 예수님은 예수님을 배반하고 결국에는 죽이기까지 한 사람들에 대해 화를 내거나 원망하기를 거부하고 용서를 베풀었다.

그러면 성경이 우리에게 용서하라고 가르칠 때 우리는 왜 그것을 그렇게 힘들어 하는가? 나는 그 이유가 용서를 하려면 궁극적으로 우리의 성품이 변해야 하며 우리의 교만이 꺾어져야 하기 때문이다. 우리의 에고(ego)는 형제와 자매를 용서하지 못하게 한다. 일단 우리가 마음의 상처를 털어버리고 나면 형제자매를 용서하라는 하나님의 명령에 유의할 수 있고, 마음에 자유함을 누릴 수 있게 될 것이다.

용서는 강력한 영적인 세척제이다. 용서는 우리 영혼 깊숙이 먼지가 쌓이고 어두운 장소까지 스며들어서 죄로 인한 얼룩들, 부당한 대우로 인한 상처들, 죄로 인한 멍든 자국들을 세척한다. 성경 선생인 존 맥아더(John MacArthur)는 이에 대해 다음과 같이 말하고 있다. "용서는 기쁨을 동반한다. 용서는 평화를 가져온다. 용서는 과거를 깨끗하게 씻어준다. 용서란 사랑에 담긴 가장 고결한 모든 가치들을 행동으로 옮기는 것이다. 어떤 의미에서 용서는 기독교 신앙에서 가장 수준 높은 단계라고 말할 수 있다."[1]

원리 3: 두려움을 떨쳐버리라.

"하나님이 우리에게 주신 것은 두려워하는 마음이 아니요 오직 능력과 사랑과 근신하는 마음이니"(딤후 1:7, NKJV)

당신이 어떤 상황을 만나든지 두려워 할 필요가 없다. 주님은 사랑이시다. 그리고 주님은 당신에게 인생의 어려움들을 이겨내는데 필요한 모든 것들을 주실 것이다. 주님은 당신이 지칠 때 당신에게 힘을 주실 것이다. 당신이 절망에 빠져있을 때 사랑을 주실 것이다. 당신이 염려에 빠져 있을 때 평화를 주실 것이다.

성경에 나오는 인물들 중에 앞에 놓인 상황으로 인해 염려했던 사람들 중 에스더 왕비가 있다. 그녀는 페르시아의 아하수에로 왕과 결혼했다. 왕은 첫째 왕비를 쫓아내고 온 나라 안에 외모가 뛰어난 아름다운 젊은 처녀들 중에 에스더를 왕비로 간택했다. 그러나 그녀는 숨기고 있는 비밀이 있었고, 그 비밀은 그녀를 언제든지 위험에 빠트릴 수 있었다. 그 비밀은 그녀가 유대인이라는 것이었다. 에스더가 살았던 시대 페르시아 왕국에서 유대인들은 소수민족이었고, 페르시아적인 생활방식에 동화하지 않았다. 에스더에게 무슨 화가 닥칠지도 모른다는 걱정 때문에 그녀의 삼촌 모르드개는 에스더에게 유대인이라는 사실을 왕에게 알리지 않도록 했다.

왕의 나쁜 신하인 하만이 왕을 설득해서 왕국 안에 있는 모든 유대인들을 죽이도록 했을 당시 에스더는 한동안 궁전에 있지 않았다. 모르드개는 재빨리 모든 일에 착수했다. 그는 에스더에게 왕비로서 그의 위치를 사용하여 유대인들을 보호해주라고 권유했다. 에스더는 아하수에로 왕에게 자신이 유대인이라는 사실을 밝히기가 두려웠을 것이다. 게다가 왕의 초청을 받지 않고 왕을 방문하는 것은 당시 페르시아의 국법을 어기는 것이었고 그녀는 그로 인해 죽임을 당할 수도 있었다. 그러나 모르드개는 "바로 이 순간을 위해" 하나님이 그녀를 왕비의 자리에 오르게 한 것일 수도 있다고 말하면서 위험을 무릅쓰고 왕 앞에 나아가도록 그녀를 강권했다.

에스더는 용기를 내었고 하나님이 이 모든 상황 속에서 그녀의 일거수일투족을 지켜보실 것을 믿었다. 그녀는 왕에게 유대인들을 살려주기를 간청했다. 그리고 하나님은 그녀와 유대인들을 보호해주셨다. 결국 마지막에 가서 장대에 매달린 사람은 에스더와 모르드개가 아니라 하만이었다.

에스더의 이야기는 정말 격려와 힘을 주는 이야기이다. 이 이야기는 하나님이 우리의 모든 상황을 주관한다는 것과 하나님은 우리가 어떤 어려운 상황도 이겨낼 수 있도록 힘을 주신다는 것을 기억하게 해준다. 만약 당신이 어려운 때를 지나고 있다면 하나님께 용기를 구하라. 에스더와 마찬가지로 당신도 "바로 이 순간을 위해" 창조되었을 수도 있다.

원리 4: 말씀을 바탕으로 방향을 잡으라.

"오직 위로부터 난 지혜는 첫째 성결하고 다음에 화평하고 관용하고 양순하며 긍휼과 선한 열매가 가득하고 편벽과 거짓이 없나니" (약 3:17)

바로 오늘 당신을 향한 하나님의 뜻이 무엇인지 궁금하게 여겨본 적이 있는가? 당신은 어떤 직업을 택할 것인지, 결혼 대상을 어떻게 결정할 것인지, 어디서 살아야 할 것인지에 대해 고민해본 적이 있는가? 만약 당신이 인생의 방향에 관해 생각하고 있다면 위의 성경 말씀을 암송하라. 이 말씀에는 내가 하늘로부터 오는 일곱 가지 지혜들이라고 부르는 것들이 나와 있다. 그것은 성결, 화평, 관용, 양순, 긍휼, 편벽됨 없음, 거짓 없음이다. 만약 당신의 직업이나 배우자에 대한 선택이 이 범주 안에 들어간다면, 당신은 하나님이 당신을 그 쪽 길로 인도하고 있다는 것을 믿고 믿음으로 마음을 편하게 갖고 그 쪽으로 가도 된다.

성경은 우리가 올바른 길로 가고 있는지 아닌지를 가장 잘 측량해볼 수 있는 도구이다. 현대 작가 프레드릭 C. 그랜트(Frederick C.

Grant)는 삶의 모든 영역에 걸쳐 우리를 인도하는 성경의 힘에 대해 다음과 같이 말하고 있다.

"우리는 우리의 개인적인 필요들을 채우기 위해, 또 우리의 개인적인 질문들에 대한 답을 찾기 위해 성경을 읽으라는 조언을 자주 듣게 된다. 물론 그런 조언도 바람직하지만, 그러나 우선 우리의 주관적인 필요들을 뒤로 하고 성경을 객관적으로 공부해보라는 것이 더욱 바람직한 조언이다.

위대한 말씀들이 우리의 마음에 깊이 자리 잡게 하라. 말씀이 우리의 마음에 영구적으로 머물게 하라. 성경말씀들이 횃불처럼 우리의 인생의 문제들에 강력한 빛을 비추며 인간의 삶의 이런저런 어두운 영역들을 밝히 드러내 보여줄 것이다.

이 방법을 따르면 성경이 '우리가 처한 상황을 말해주고' 우리의 필요를 채워준다는 것을 알게 된다. 가끔 또는 어느 정도 우리에게 에너지가 있을 때만 그렇게 해주는 것이 아니라 계속 그렇게 해준다는 것을 알게 된다."[2]

시간을 내어 저자가 위에서 말한 방법으로 성경을 읽어보라. 당신의 마음에 다가오는 것 같은 말씀들을 묵상해보라. 당신은 하나님이 당신에게 보여주는 것들을 보고 놀라게 될 것이다.

원리 5: 그 중에 제일은 사랑이라.

"예수께서 가라사대 네 마음을 다하고 목숨을 다하고 뜻을 다하여

주 너의 하나님을 사랑하라 하셨으니 … 네 이웃을 네 몸과 같이 사랑하라 하셨으니"(마 22:37, 39)

우리는 일반적으로 인생을 자기방어에 다 써버린다. 우리는 날아오는 공을 피하기 위해 머리를 숙인다. 우리는 다른 차들을 따돌리려고 방향을 튼다. 우리는 부딪히고 싶지 않은 사람들과 만나지 않으려고 그들을 피해 다닌다. 우리는 우리 자신을 보호하기 위해 마음의 벽을 세우며 또 실제로도 벽을 세운다. 우리는 마치 다른 사람들이 우리에게 해라도 끼칠 것처럼 그들에게 상처받지 않으려고 안간힘을 쓰며 사는 경향이 있다.

이런 삶 속에서 모든 것들을 장기적으로 볼 수 있게 해주는 원리가 있다. 그것은 사랑이다. 사랑은 우리가 모든 상황들을 똑같은 자세로 받아들이게 해준다. 우리가 어떤 상황을 만나든지, 부당한 대우를 받았든지, 또는 인생의 어려움에 속에 허덕이든지 우리는 하나님과 다른 사람들을 사랑하도록 부르심을 받았다.

헌신적인 사랑에 관한 아름다운 이야기는 룻기에 나와 있다. 그것은 기근으로 인해 고향 베들레헴을 떠나 낯선 모압 땅에서 남편과 함께 살고 있던 나오미에 관한 이야기이다. 나오미의 가족들은 그곳에서 몇 년 간 살면서 두 아들을 위해 모압 여자인 오르바와 룻을 며느리로 맞이하였다. 그런데 얼마 지나지 않아 나오미의 남편과 두 아들이 세 명의 여자들을 뒤로 한 채 세상을 떠나버렸다. 슬픔에 빠진 나오미는 기근이 지나간 이스라엘 땅으로 다시 돌아가려고 마음먹고 두 며느리에게 모압 족속에게로 돌아가서 새 인생을 출발하라고 했다.

오르바는 시어머니 나오미에게 입을 맞추고 작별인사를 하고 떠났다. 그러나 룻은 "나로 어머니를 떠나며 어머니를 따르지 말고 돌아가라 강권하지 마옵소서 어머니께서 가시는 곳에 나도 가고 어머니께서 유숙하시는 곳에서 나도 유숙하겠나이다 어머니의 백성이 나의 백성이 되고 어머니의 하나님이 나의 하나님이 되시리니"(룻 1:16)라고 말하면서 강한 사랑으로 나오미를 붙좇았다. 이것은 룻 편에서는 상당한 희생이었다. 그녀는 자기 민족과 나라를 떠나야 했을 뿐만 아니라 아무 의지할 곳 없는 깊은 슬픔에 빠진 과부와 함께 떠나야 했다. 나오미는 이스라엘로 돌아와서 동네 사람들에게 자기를 더 이상 나오미라고 부르지 말고 "원한"이라는 뜻의 "마라"라고 부르라고 했다.

룻도 나오미 못지않게 상처를 받았을 것이다. 그러나 룻은 시어머니를 더 염려해주었다. 결국 룻의 희생적인 사랑 때문에 하나님은 그 두 사람을 다 축복하셨다. 룻은 보아스라는 친절한 남자와 결혼했고, 보아스는 룻뿐만 아니라 나오미도 돌봐주었다. 룻은 아들을 낳아 오벳라고 이름을 지었고, 오벳은 장성하여 이새를 낳았다. 이새는 후에 다윗의 아버지가 되었다. 그리고 이스라엘의 왕 다윗은 그의 후손 가운데 메시아가 오리라는 약속을 받았다.

성경에는 하나님의 백성들이 어떻게 어려움을 이겨냈는지에 대해 이와 유사한 이야기들이 많이 기록되어있다. 하나님의 말씀에 나와 있는 약속들과 보장들과 더불어 이러한 이야기들은 우리가 인생에서 피할 수 없는 고난과 마주칠 때 우리에게 필요한 힘을 공급해준다.

나는 어렸을 적부터 해변과 바다를 좋아했다. 그래서 나는 하와이의 아마추어 청소년 파도타기 선수들 중에 최고를 기록했던 베다니 해밀턴(Bethany Hamilton)의 이야기에 아주 감동을 받았었다. 그녀는 파도타기를 하는 동안 상어의 습격을 받아 죽음의 순간에서 구사일생으로 살아남았다. 그녀는 비록 목숨은 건졌지만 한 쪽 팔을 거의 어깨부분까지 잃었다.

그녀는 상처를 회복하는 기간 동안에도, 그리고 그 후에도 놀라운 태도를 보여주었다. 그녀는 상어의 습격을 받은 지 얼마 지나지 않아 눈이 보이지 않는 남자의 시력을 회복시켜 주기 위한 모금 운동을 펼쳤다. 뉴욕시를 방문했을 때에는 어느 홈리스(일정한 주거지가 없는) 소녀에게 그녀의 스키코트를 주었다. 왜 그것을 선물로 주었는지 그 이유에 대한 질문을 받았을 때 그녀는 살아가는데 필요한 것 외에 너무 많이 가졌기 때문이라고 말했다.

USA 투데이에서는 그녀의 회복에 대한 기사를 다루면서 다음과 같이 기록했다. "해밀턴은 항상 용감하다. 그녀는 한쪽 팔만 있기 때문에 파도타기 대회에서 일등을 하지 못한다는 것이 분명하게 입증된다면 축구선수가 되는 것을 생각해보겠다고 아버지에게 말한다."[3]

그녀가 다니는 교회의 목사인 스티브 톰슨(Steve Thompson)은 "그녀는 항상 앞만 바라봅니다. 그녀는 '내가 지금도 인생을 즐기며 살아가고 있다는 것을 어떻게 세상에 보여줄 수 있을까? 어떻게 내 인생이 기쁨으로 가득하다는 것을 보여줄 수 있을까?' 라고 항상 스스로 묻습니다. 그녀는 하나님이 자신을 돌보고 있다는 것을 깊이 신뢰하고 있습니다"라고 말했다.

그 앳된 소녀의 기쁨에 찬 마음가짐이 나에게는 큰 감동과 격려가

되었다. 나도 문제를 만날 때 그녀가 가진 긍정적이고, 낙관적인 모습을 가지고 싶다. (나의 문제는 베다니가 겪었던 문제에 비하면 아무것도 아닐 것이다)

우리가 상처를 주고받는 세상에 살고 있고 그 안에서 고난과 비극을 이겨내야 한다는 것은 분명하다. 인생은 크리스천이든 아니든 이 지구상에 두 발을 딛고 사는 사람이라면 누구에게나 다 어려움은 있다. 그러나 다른 점이 있다. 만약 당신이 크리스천이라면 위기를 받아들이는 자세에서 비크리스천과는 달라야 한다. 당신은 문제를 서둘러 해결하려고 하는가? 문제로부터 도피할 수 있는 쉬운 방법을 찾는가, 아니면 먼저 하나님께로 나아가는가? 당신은 고난을 통해 성장하려고 노력하는가, 아니면 원망이 당신의 마음에 뿌리내리도록 방치하는가?

만약 당신이 슬픔이나 어려움을 당하거나, 사랑하는 사람을 잃는다면 성경으로 돌아가라. 그렇게 하면 거기에 하나님이 당신을 기다리고 있을 것이며, 가장 적절한 때에 적절한 성경말씀이나 성경 이야기를 당신에게 보여줌으로써 당신에게 새로운 하루를 맞이할 수 있는 힘과 용기를 불어넣어 줄 것이다.

하나님은 삶의 좌표로 삼을 수 있도록 우리에게 하나님의 말씀을 주셨다. 하나님의 말씀은 완벽한 힘과 위로의 근원이다.

9

앞으로, 앞으로…

성경을 배우면 당신은 끊임없이 성장하고 발전을 이루게 된다.

“하나님은 우리의 있는 모습 그대로를 사랑하신다.
그러나 우리를 너무 사랑하시기 때문에 그 상태에 머무르도록 우리를 방치할 수는 없다.”
리튼 포드(Leighton Ford)

◆◇◆◇◆

1995년 겨울, 프랭클린 그래함(Franklin Graham)은 나에게 보스니아와 크로아티아로 가자고 초청했다. 그때 그 지역은 갈등에 휘말리고 있었고, 두 나라 간의 전쟁으로 많은 사람이 죽었었다.

우리 여행의 목적은 프랭클린이 이끄는 구제 사역인 '사마리아인의 지갑 프로그램(Program With Samaritan's Purse)'에 참여하기 위한 것이었다. 특히 우리는 '성탄절 아동 선물(Operation Christmas Child)'에 속해 있는 사람들과 합류했는데, 그들은 신발상자에 선물을 이것저것 담아 빈곤층 가정의 아이들에게 전달해 주는 일을 하고 있었다. 우리가 신발상자를 전달했던 대부분의 지역이 이슬람교를 믿고 있었지만, 하나님의 사랑은 종교의 벽도 허물었다.

우리는 가는 곳마다 전쟁의 참화를 목격했다. 우리는 심하게 파괴되고 황폐화된 어느 마을을 지나가게 되었는데, 그곳 어린이들이 크리스마스 선물을 받기 위해 몇 시간 동안이나 서서 우리 차와 트럭이 도착하기를 기다리고 있었다. 우리가 신발상자를 나누어주던 학교에는 교실 몇 개가 대포와 휴대용 로켓 발사기의 공격으로 벽에 큰 구멍이 나 있었다. 더 서글펐던 것은 교실에 난방이나 전기 시설이 전혀 없었다. 그 때가 겨울이었기 때문에 동장군이 우리의 코를 얼얼하게 했다.

어린이들의 얼굴은 그들의 실제 나이보다 더 나이가 들어보였다. 그들은 여러 명이 한데 모여 서로 손을 잡고 서로를 안고 있었다. 그들은 오랫동안 두려움과 위험 속에서 살아서인지 우리 미국인들을 두려워하는 눈으로 보고 있었고, 우리들이 거기에 뭘 하러 왔는지 궁금해 한 눈치였다. 사마리아인의 지갑에 속해서 활동한지 오래된 컨츄리 가수 리키 스캐그스(Ricky Skaggs)와 그의 아내 샤론(Sharon)이 기타 연주로 노래를 하면서 아이들의 긴장감을 풀어주었고, 차갑고 습한 교실에 따뜻한 온기를 불어넣어 주었다. 교사 한 사람이 그 노래에 맞추어 춤을 추기 시작했고, 얼마 지나지 않아 반 전체가 그녀 뒤에 줄을 길게 늘어서서 춤을 추었다. 다른 교사들도 그들의 차가운 손들을 앞 사람의 등 위에 얹고 노래하면서 마치 애벌레가 움직이는 것처럼 복도를 통해 다음 교실로 들어갔다. 학생들은 마치 그랜드 올 오프리(Grand Ole Opry)의 오프닝나이트처럼 모든 에너지와 열정을 다해 교실 안을 빙글빙글 돌았다. 내슈빌(Nashville)이 보스니아로 옮겨 온 것 같았다.

나는 지금도 그 때의 매섭도록 차가운 한기를 기억할 수 있다. 어린이들이 노래를 따라 부를 때 우리는 전부 방한복 위에 옷을 겹겹

이 끼어 입고 목도리까지 두를 정도의 추위였다. 그러나 선물을 주고받으면서 즐거워하던 축제기분은 살을 에는 추위를 잠시라도 잊게 해줄 수 있었다.

나는 수년 동안 세계 여러 곳을 다녀보면서 사람들이 얼마나 열악한 환경 속에서 살고 있는지를 보고 놀랐다. 보스니아 지역의 사람들은 수도시설도 없었으며, 자가 난방이나 전기도 없었다. 그러나 그들은 기쁨, 사랑, 감사하는 마음이 있었다.

우리는 그 마을을 빠져나오기 위해서는 다리를 건너야 했다. 그 다리는 전쟁으로 인해 많이 파괴되어 마을 사람들이 부분적으로 흙과 바위 기타 여러 잡동사니들로 채워 넣어 보수해 놓은 것을 볼 수 있었다. 그런데 그 일을 우리가 도착하기 바로 몇 시간 전에 했다는 말을 들었다. 이렇게 모든 마을 사람들의 수고와 노력으로 만들어진 그 임시 다리를 건너가면서 나는 예수님의 사랑이 그날 내 눈앞에 기적을 일으켰다는 것을 깨달았다.

수 세기 동안 가톨릭교와 개신교 간에 충돌이 있었고, 크리스천과 비크리스천 간에 불화가 있었고, "종교"라는 이름하에 이웃과 이웃이 다투었다. 그러나 나는 예수님의 이름으로 크리스천들이 파괴되고 지친 이슬람 사회에 사랑의 선물을 전해주는 것을 목격했다. 나는 사마리아인의 지갑과 성탄절 아동 선물에서 하는 것들을 보고 큰 감동을 받았다. 그 이유는 이 프로그램이 전에는 아무도 감히 생각할 수도 없던 지역에 그리스도의 사랑을 전해주었기 때문이다.

우리 그룹이 하나님의 대사로서 감사와 기쁨을 느끼며 그곳을 떠나던 그날 나는 사도 바울이 수 세기 전에 했던 말을 마음에 떠올리지 않을 수 없었다.

"이 복음이 이미 너희에게 이르매 너희가 듣고 참으로 하나님의 은혜를 깨달은 날부터 너희 중에서와 같이 또한 온 천하에서도 열매를 맺어 자라는도다"(골 1:6)

예수님의 복음, 그의 사랑의 진리, 구속은 진실로 계속 자라고 있으며 또 열매를 맺고 있다. 그 이유는 하나님이 이 세상을 아직 심판하지 않고 있기 때문이다. 그리고 하나님은 하나님의 때가 이르기까지 사람들을 사랑하고, 돌보며, 그들에게 다가가는 것을 그만 두지 않을 것이다. 하나님의 사랑이 세계로 계속 퍼져나가는 또 다른 이유가 있다. 성령은 각 개인의 삶 속에서 그들이 성장하고, 성숙하며, 성경의 방법을 더 깊이 이해하도록 돕는 일을 계속한다. 그리스도를 따르는 자들이 예수님의 방법대로 생각하고 행동하는 것을 배운다면 그들은 하나님의 사랑의 복음을 전하는 것을 점점 더 잘할 수 있게 될 것이다.

참 그리스도인이 되라

"열심 있는 참 그리스도인"과 "교회에 다니는 사람"과의 차이는 무엇인가? 프랭클린 그래함의 비전이나 그와 비슷한 다른 사람들의 비전과 같은 도저히 불가능해 보이는 것들을 시도하게 만드는 것은 무엇인가?

불행히도, 이 세상은 자신들을 그리스도인이라고 부르지만 사실 천국과는 무관한 사람들로 가득하다. 그들은 자신을 '그리스도인'이라고 부른다. 그들이 자신을 그렇게 부르는 이유는 "기독교를 믿는 집안"에서 자랐기 때문이거나, 아니면 "기독교 국가"에서 살고 있기 때문이다. 오늘날 세상이 필요로 하는 것은 예수 그리스도를 실제 삶에서 보여주는 것이다. 주변 모든 사람들에게 그리스도의 복음을 전하는 예수님의 대사들이 이 세상에는 더 많이 필요하다.

당신은 그리스도인이라는 말이 어디서 유래되었는지 알고 있는가? 성경은 사도행전 11장 26절에서 "제자들이 안디옥에서 비로소 그리스도인이라 일컬음을 받게 되었더라"고 말하고 있다. 안디옥은 앞에서 언급한 적이 있는 고대 도시이다. 그리스도인이라는 말은 그리스어로 "그리스도를 따르는 자"라는 뜻이다. 어떤 사람들은 그 말을 "그리스도를 닮은" 또는 "작은 예수"라는 말로 번역했다. 다시 말하면, 그리스도인이란 예수님을 반영한다는 뜻이다. 우리는 "작은 예수"처럼 살고, 걷고, 말해야 한다. 우리는 그리스도를 닮은 행동과 태도를 가져야 한다.

나는 예수님을 잘 드러내고 싶지만 마음만큼 되지 않아 어려울 때가 많다. 당신은 어떨지 잘 모르겠다. 그러나 내게는 그리스도인처럼 행동하는 것이 어려울 때가 종종 있다. 장모님은 살아생전에 "나이가 드는 것은 소심하게 살라는 것이 아니야!"라고 말하곤 했다. 이 말은 그리스도인의 삶과도 관련이 있다. 그리스도인이 되는 것은 소심하게 사는 것이 아니다. 그리스도인이 된다는 것은 인간적 본성을 이기는 것이다. 그리스도인이 된다는 것은 이 세상이 제시하는 것, 그리고 세상을 대표하는 모든 것들과는 완전히 반대이다.

그리스도인의 삶은 우리에게 많은 것을 요구하기 때문에 포기하는 사람들이 많다. 그리스도인으로서의 성장은 대개 "이보 전진을 위한 일보 후퇴"일 때가 많다. 그리스도인들 중에 많은 이들이 신앙을 버리거나 또는 신앙적인 침륜에 빠져있다. 히브리서 저자는 성장이 멈춘 신자는 젖만 먹는 아기와 같지만, 성숙한 신자는 "단단한 진리"를 먹을 수 있는 자라고 말한다.

"때가 오래므로 너희가 마땅히 선생이 될 터인데 너희가 다시 하나님의 말씀의 초보가 무엇인지 누구에게 가르침을 받아야 할 것이니 젖이나 먹고 단단한 식물을 못 먹을 자가 되었도다 대저 젖을 먹는 자마다 어린아이니 의의 말씀을 경험하지 못한 자요 단단한 식물은 장성한 자의 것이니 저희는 지각을 사용하므로 연단을 받아 선악을 분변하는 자들이니라"(히 5:12~14)

새로 신앙을 갖게 된 사람들은 전부 어린 아기 단계에서 출발한다. 모든 것이 신선하고, 신기하고, 때로는 어색하기도 하다. 우리는 걸음마부터 시작해서 더 배우고 발전한다. 그러나 어떤 사람들은 어린 아기 단계에서 절대로 벗어나지 않는 사람들이 있다. 격려 부족, 동기 부족, 훈련 부족 등 여러 가지 이유들로 말미암아 그들은 믿음에서 자라지 못한다.

그리스도인의 성장의 핵심은 다른 신자들과 함께 어울리는 것이다. 우리 모두에게는 성경을 사랑하고, 읽고, 기도하며, 함께 성경을 공부할 수 있는 비슷한 마음을 가진 사람들이 필요하다. 나를 어린 아기 그리스도인에서 성장하도록 해주었던 것은 나처럼 예수님을 사랑하고, 성경공부를 좋아하던 친구들이었다. 그 친구들이 있었기에 모든 것들을 더 잘 받아들일 수 있었다.

내가 하나님께 삶을 헌신할 때 내 나이는 26세였다. 나는 내가 아주 좋은 사람들과 함께 있다고 생각했다. 왜냐하면 내가 주님 앞에 나왔을 때 당시 다른 청년들도 주님 앞으로 많이 나왔기 때문이다. 우리는 함께 성경말씀에 밑줄을 그었고, 마음에 특별히 와 닿는 새로운 말씀을 찾으면 서로 읽어주곤 했다. 우리는 성경말씀에 대해 토론했고, 우리의 생각을 나누었으며 서로를 강권했다. 그러면서 우리의 믿음은 깊어졌다.

그때 당시 60년대 예수운동(Jesus Movement)을 통해 수천 명의 사람들이 하나님께로 돌아왔다. 그때 하나님의 말씀에 헌신했던 사람들이 지금도 여전히 하나님과 동행하는 삶을 살고 있다. 그러나 단지 "그리스도인이 되는 경험"만 했던 사람들은 길가에 떨어진 씨앗처럼 제자로 성장하지 못했다.

계속 성장하라

'워킹 어크로스 이집트(Walking Across Egypt)'라는 영화에서는 매티(Mattie)라는 어느 늙은 과부가 '가난하고 외면당한 가장 작은 자'를 돌보라는 목사의 설교에 감동을 받는다. 그래서 그녀는 아기일 때 부모에게 버림받았고, 차를 훔치다가 붙잡혀서 소년원에서 생활하고 있는 16살 된 소년 웨슬리(Wesley)를 돕기로 마음먹는다.

매티는 소년원에서 웨슬리를 몇 번 면회했고, 어느 날 웨슬리는 소년원을 탈출해서 그녀의 집으로 오게 된다. 그녀는 웨슬리가 소년원에서 허락을 받고 온 것으로 생각하고 그를 자기 집에 잠깐 머무르게 해준다. 웨슬리가 사랑스러운 데가 있기는 했지만, 사실 기회만 있으면 이 마음씨 착한 할머니의 것을 도둑질 하려고 하는 교활한 식객이었다.

얼마 지나자 웨슬리는 걱정이 되어 다시 소년원으로 돌아갔다. 그러나 매티의 웨슬리를 향한 동정심은 커져만 갔다. 그녀의 장성한 자녀들인 로버트(Robert)와 엘라인(Elaine)은 어머니가 웨슬리를 돕고 있다는 사실에 깜짝 놀라면서 화를 냈지만 소용이 없었다. 그들은 어머니가 더 이상 웨슬리에게 다가가지 못하도록 하기 위해 갖은 설득을 시도했다.

엘라인은 엄마에게 "그 아이는 도망친 범죄자예요. 엄마, 범죄자를 돕거나 교사하면 엄마도 형을 받게 되요"라고 말했다.

"엘라인, 그 아이는 범죄자가 아니야."

로버트도 "엄마, 그 아이는 도둑이에요. 그 아이는 소년원의 비행청소년이라고요"라고 말했다.

"로버트, 그 아이를 사랑해주는 사람이 아무도 없었어."

그 말에 로버트는 "만약 누군가 그 아이를 사랑해주었다면 아마 그 아이는 그 사람의 차도 훔쳤을걸요"라고 말했다.

매티는 "성경에는…"라고 말하려 하자, 엘라인이 엄마의 말을 가로채 "우리는 성경에서 무얼 말하는지 알고 있어요. 성경은 놀라운 이야기들로 가득하죠. 정말 대단한 이야기들이죠. 그렇지만 그건 이야기책에 불과해요"라고 말했다.

매티는 자기의 뜻을 굽히지 않았다.

"주님은 형제들 중에 가장 작은 자를 반드시 도와주라고 말했어. 그 소년은 가장 작은 자야."

"제발 말 좀 들어요!"라고 로버트가 화를 냈다.

엘라인은 "엄마, 엄마는 벌써 그 아이를 위해 많은 것을 하셨잖아요. 엄마의 능력에 넘치도록 하셨어요. 성경에는 언제 그만해도 된다는 것은 안 나와 있나요?"라고 말했다.

그러자 매티는 단호하게 대답한다. "아니!"

그 재미있는 장면은 성경전체에 흐르고 있는 주제를 강조해주고 있다. 그 주제는 '절대로 사랑하기를 중단하지 말라. 절대로 베푸는 것을 중단하지 말라. 절대로 다른 사람 돌보기를 중단하지 말라'이다. 사도 바울이 갈라디아서에서 "우리가 선을 행하되 낙심하지 말지니 피곤하지 아니하면 때가 이르매 거두리라 그러므로 우리는 기회 있는 대로 모든 이에게 착한 일을 하되 더욱 믿음의 가정들에게 할지니라"(갈 6:9~10)고 말한 것처럼, 그리고 요한이 요한계시록에서 "불의를 하는 자는 그대로 불의를 하고 더러운 자는 그대로 더럽고 의로운 자는 그대로 의를 행하고 거룩한 자는 그대로 거룩되게 하라"(계 22:11)고 말한 것처럼 절대로 착한 일하기를 중단하지 말아야 한다.

거기에 더하여 우리는 배우고, 성장하고, 성숙하는 것을 중단하지 말아야 한다. 사도 베드로는 신자가 계속 개발해야 할 몇 가지 영역들에 대해 말하고 있다. 그것은 믿음, 덕, 지식, 절제, 인내, 경건, 형제우애, 사랑이다. 그리고 난 뒤 그는 "이런 것이 너희에게 있어 흡족한즉 너희로 우리 주 예수 그리스도를 알기에 게으르지 않고 열매 없는 자가 되지 않게 하려니와 이런 것이 없는 자는 소경이라 원시치 못하고 그의 옛 죄를 깨끗케 하심을 잊었느니라"(벧후 1:8~9)고 말한다.

내 말을 들어보라. 성경은 탄성을 가진 책이며, 앞으로 나아가도록 하는 책이다. 성경에는 계속, 전진, 성숙, 성장, 증가, 실행 등과 같은 말들이 수백 번도 넘게 등장한다. 하나님은 당신이 점점 더 나아지기를 바란다. 하나님은 당신에게 있는 은사와 재능을 충분히 사용하기를 원한다.

하나님은 이유가 있어서 당신을 이 세상에 보내셨다. 하나님은 당신에게 사명을 주셨고 당신이 그 사명을 완수하도록 당신과 계속 함께 하실 것이다. 시편 저자가 "여호와께서 내게 관계된 것을 완전케 하실지라 여호와여 주의 인자하심이 영원하오니 주의 손으로 지으신 것을 버리지 마옵소서"(시 138:8)라고 말한 것처럼, 그리고 사도 바울이 "너희 속에 착한 일을 시작하신 이가 그리스도 예수의 날까지 이루실 줄을 우리가 확신하노라"(빌 1:6)고 말했던 것처럼 말이다.

얼마 전에 나는 우리 교회의 훌륭한 여자 성도로부터 다음과 같은 이메일을 받았다.

"성경에 별 기대를 하고 있지 않을 때에도 성경과 사랑에 빠지는 일이 인생에서는 때로 일어나는 것 같습니다. 나는 어릴 때부터 엄마를 따라 루터교회에 나갔고, 아빠를 따라 성당에서 미사를 드렸습니다. 그때 당시는 성경이 내 마음에 별로 와 닿지 않았고 실제적으로 느껴지지도 않았습니다. 그 당시 성경은 내게 아무것도 아니었습니다. 그리고 몇 년 후 나는 호라이즌교회에 잠깐 다니게 되었습니다. 그때 나는 찬송과 설교를 들으면서 예배실에 앉아 있었습니다. 그리고 난 뒤 나는 교회를 빠져 나왔죠. 그게 전부였습니다.

그러나 몇 주 후에 나는 라스 콜리나스(Las Coinas, 여자 감옥

소)의 감방 벙커 침대위에 누워있는 신세가 되었습니다. 그 때가 내 인생에서 가장 힘든 때였습니다. 어느 날, 나는 '성경을 읽어보라'고 조용한 음성이 내 마음에 속삭이는 것을 들었고, 나는 그렇게 했습니다. 나는 성경을 읽기 시작했고 나중에는 성경 읽기에 심취하게 되었습니다. 그렇게 해서 성경말씀이 내 마음에 새겨졌습니다. 성경말씀이 처음으로 이해가 되었습니다. 그런데 나와 같은 감방을 쓰던 여자는 사람을 다섯 명이나 살해한 사람이었으며, 하나님은 내가 그 감방에 머물러 있지 않게 될 것이라고 내 마음에 깨닫게 해 주었습니다. 나는 원래 17년 형을 선고 받았습니다. 그러나 5일 후에 내가 법정에 섰을 때 판사는 '나는 당신에게 자비를 베풀 것입니다' 라고 나에게 말했습니다. 나는 집행유예로 풀려났습니다. 그리고 그때 나는 완전히 딴 사람이 되어 있었습니다.

바로 다음 주에 나는 호라이즌교회에 나가서 생전 처음으로 성경의 가르침을 들었습니다. 그것은 정말 성경이 나를 가르치는 것 같은 느낌이었죠. 그리고 그 후 14년이 흘렀습니다. 지금도 나는 교회에 나가고 있으며, 친구들이 나를 끊임없이 격려해주고 있습니다. 나는 매일, 그리고 하루 종일 기도로 하나님께 물어봅니다. 나는 과거 그 어둡고 불쾌한 감방에서 성경을 사랑했던 때만큼 지금도 성경을 사랑합니다. 하나님의 말씀은 진리입니다. 내게 필요한 것은 오직 하나님의 말씀입니다.

몇 주 전에 나는 손자와 함께 드라이브를 하면서 손자에게 '나중에 네가 결혼해서 아이들을 낳으면 너의 아이들과 손자들에게 나에 대해 뭐라고 말할래?' 라고 물어보았었죠. 손자는 내가 자기를 데리고 놀러 다녔던 것과 자기가 태어났을 때 자기를 가장 먼저 보았던 사람이 바로 나였다고 말하겠다고 하더군요. (아이 엄마가 아이를 낳던 날 내가 직접 내 손으로 그 아이를 받았어요)

또한 나는 '할머니가 너의 아이들과 손자들이 할머니에 대해 정말 알았으면 하는 한 가지가 뭐라고 생각하니?' 라고 물어보았습니다.

'할머니, 그건 너무 쉬워요. 그건 할머니가 예수님을 사랑했다는 거죠' 라고 대답했어요.

손자 녀석은 정답을 맞췄습니다!"

-린(Leann)-

이것은 성경과 사랑에 빠짐으로서 변화된 인생의 모습이다. 당신의 인생 과정이 어떤 것이든지 간에, 또 고난과 순조로움, 폭풍과 안전 등 당신이 인생에서 어떤 것을 겪든지 간에 하나님의 도우심이 있을 때 당신은 계속 성장할 수 있다. 성경을 열심히 배우면 당신의 인생은 훨씬 더 나아질 것이다.

생명의 양식을 먹으라

나는 몇 주 전에 북부 캘리포니아에 있는 어느 교회로부터 주일아침 설교를 해달라는 요청을 받았다. 나는 샌디에고에서 내가 인도하고 있는 교회를 사랑하기 때문에 주일은 우리 교회에서 보내는 것을 가장 우선순위로 삼고 있으며, 그것은 내게 가장 큰 기쁨이다. 그래서 나는 주일아침에 우리 교회가 아닌 그곳에서 설교해야 한다는 것을 생각하니 별로 마음이 내키지 않았다.

나는 그날 그 교회 강단에 서서 설교를 인도했고, 그 후 사람들과 인사를 나누면서 악수를 하고 있었다. 얼마 되지 않아 내 나이 정도 되어 보이는 어떤 남자가 내게로 다가와서 자기소개를 했다.

"안녕하세요, 마이크 목사님. 아마도 목사님은 저를 잘 기억하지 못하실 거예요. 그러나 나는 샌디에고에 있는 목사님의 교회에 다녔던 적이 있어요."

그는 나에게 자기 이름을 말하면서 "나는 한 동안 목사님 교회에 다녔었는데 그게 벌써 10년 전 일이네요"라고 덧붙였다.

비록 10년이란 세월이 지났지만 나는 그의 얼굴을 어렴풋이 기억할 수 있었다. 이야기를 계속 나누면서 그는 얼마 전부터 매일 성경 읽기를 시작했다는 말을 했다. 나는 목사로서 그 사람의 말에 저절로 관심이 갔다. 그 이유는 그 남자가 교회에 다닌 지 20년이 되었다고 방금 전에 말했기 때문이었다.

나는 '와! 어떻게 20년 동안 생명의 양식을 한 번도 먹지 않고 자신이 크리스천이라고 생각하면서 20년을 보낼 수 있었나'라고 속으로 생각했다.

독자들이여, 제발 나의 간구에 귀를 기울이기를 바란다. 성경을 읽지 않고, 또 기도를 하지 않고 하루를 보내는 일이 없도록 하라. 성경을 읽지 않고 한 주를 그냥 보내지 말라. 하나님은 성경을 통해 말씀하신다. 이스라엘이 40년간 광야에 있을 때 하나님이 그들에게 만나를 주셨던 것처럼 하나님은 성경을 통해 당신에게 매일 신선한 영의 양식을 주실 것이다.

성경을 꾸준히 읽고 공부하는 것은 우리의 영적 성장과 발전을 위한 하나님의 계획 중에서 가장 중요한 부분이다. 하나님의 진리를 더 깊이 알아가는 것은 우리에게 힘들고 어려운 일일 수도 있다. 새롭게 성장하는 과정에서 우리는 힘에 겨운 상황 앞에서 부딪치고 깨진다. 나는 엘리자베스 엘리어트(Elisabeth Elliot)가 다음과 같이 말한 것에 동의한다.

"어떨 때는 일부러 하나님이 우리가 하는 일마다 안 풀리게 하고 우리를 궁지에 빠지도록 하는 것 같다. 왜 하나님은 한 개의 책에 모든 규칙들을, 또 다른 책에 기본적인 교리들을 다 요약해주지 않았는가? 하나님은 이천년 동안 하나님의 교회를 좀먹은 부도덕성과 거짓교훈들을 막을 수도 있었고 모든 허점들을 제거할 수도 있었다. 우리가 경험했을 수도 있었던 사소한 언쟁거리와 혼동을 생각해보라. 그리고 하나님이 의도적으로 키운 것 같은 보잘 것 없는 열매들을 생각해보라. 그는 우리를 아끼지 않았다. 그는 우리가 연단을 통해 성숙해지기를 원한다. 하나님은 우리가 '젖을 먹는 단계'를 넘어가면 깊이 생각하지 않을 수 없는 그런 상황으로 우리를 이끄신다."[1]

성장은 쉽게, 순식간에 이루어지지 않는다. 성장에는 사고하는 능력과 의지력이 요구된다. 하나님의 말씀을 공부하고 진리를 배울 때 우리는 배운 대로 살려고 노력해야 한다.

매일 아침을 맞으라

당신이 성경과 사랑에 빠지면 여러 가지 이유로 인해 하나님과도 사랑에 빠지게 된다. 솔로몬 왕이 쓴 성경구절에는 그런 이유들 중 세 가지가 나와 있다. "여호와의 자비와 긍휼이 무궁하시므로 우리

가 진멸되지 아니함이니이다 이것이 아침마다 새로우니 주의 성실이 크도소이다"(애 3:22~23)

하나님의 성품은 긍휼로 가득하다. 하나님의 긍휼은 어떤 장애물도 뛰어 넘는다. 하나님의 긍휼은 우리의 영혼을 새롭게 소생시키는 능력이 있다. 하나님에게는 자비가 단순한 입발림이 아니다. 그것을 안다는 것은 얼마나 놀라운 일인가. 만약 하나님이 우리 가운데 아무에게든지 하나님의 긍휼과 자비를 거두어들인다면 우리는 즉각 지쳐버릴 것이다.

다윗 왕은 하나님이 우리의 힘의 근원이며 안전한 거처라는 것을 잘 알고 있었다. 그래서 그는 다음과 같이 기록하고 있다.

"하나님이여 주는 나의 하나님이시라 내가 간절히 주를 찾되 물이 없어 마르고 곤핍한 땅에서 내 영혼이 주를 갈망하며 내 육체가 주를 앙모하나이다 내가 주의 권능과 영광을 보려 하여 이와 같이 성소에서 주를 바라보았나이다 주의 인자가 생명보다 나으므로 내 입술이 주를 찬양할 것이라"(시 63:1~3, NKJV)

성경학자들은 다윗이 광야에 있을 때 이 시편을 썼다고 한다. 다윗의 아들 압살롬이 다윗 왕을 반역하고 왕국을 차지했을 때가 다윗 왕에게는 매우 힘든 시기였다. 부모라면 누구에게나 자녀와 싸우는 것이 고통스러운 일일 것이다. 그런데 하나님이 당신에게 주신 왕국으로 인한 문제가 겹친다면 얼마나 더 고통스러운 일이겠는가. 하나님은 다윗 왕국이 압살롬의 손에 넘어가지 않게 했다. 교만했던 젊고 잘생긴 압살롬의 비극적인 죽음에 관한 이야기는 사무엘하 18장에 나온다.

다윗은 이런 상황 속에서도 하나님께 부르짖었다. "내가 새벽 전에 부르짖으며 주의 말씀을 바랐사오며"(시 119:147) 다윗은 광야에서 하나님이 함께 하지 않고는 하루를 시작하고 싶지 않았다. 새벽 미명에 하나님을 찾고, 자기를 의의 길로 인도해주시는 하나님과 함께 하루를 시작했다.

이 위대한 본은 우리에게 매일 성경을 읽는 것의 중요성을 보여준다. 이 간단한 다윗의 기도를 통해 성령이 우리에게 감동을 주며, 우리에게 용기를 준다. 성경을 읽지 않으면 우리는 인생에서 뭐가 중요한지 뭐가 중요하지 않은지를 알지 못하며, 우리가 왜 이 세상에 존재하는지를 알지 못하게 된다. 다윗은 이스라엘의 영웅이었지만 슬픔을 많이 겪었다. 예수 그리스도와 마찬가지로 다윗은 "멸시를 받아서 사람에게 싫어 버린바 되었으며 간고를 많이 겪었으며 질고를 아는"(사 53:3) 사람이었다. 우리는 누구나 인생을 살아가면서 슬픔을 겪어본 적이 있고, 다른 사람들에게 거부당하는 아픔을 겪어보았다. 그런 우리에게 성경은 신실하시고 위대하신 하나님이 우리의 개인적인 아픔들을 이해하신다는 것을 상기시켜주고 있다.

성경 읽기와 성경공부는 그 영향이 누적되며 시간이 흐를수록 그 유익은 점점 커진다. 나는 성경 선생인 해돈 로빈슨(Haddon Robinson)의 견해에 동감한다.

"우리는 성경을 공부하는 것이 마치 영적인 아드레날린 주사를 맞는 것 같은 것이라고 착각한다. 우리는 성경공부가 즉각 우리를 영적으로 성령 충만한 상태로 되게 해줄 것을 기대한다. 그러나 성경공부는 비타민을 먹는 것과 같다. 당신이 아침에 비타민을 한두 알 먹는다고 해서 몸 전체에 에너지가 흐르는 것을 느끼지는 못한다. 당신이 비타민을 먹는 이유는 그것이 당신의 건강을 꾸준히 유지해 주기 때문이다. 비타민은 질병으로부터 당신을 지킨다. 장기적으로 볼 때 비타민은 당신을 강건하게 해준다."[2]

이것은 사실이다. 우리는 말씀을 통해 하나님을 믿는 믿음으로 살아가는 것을 배운다. 그러면서 우리는 꾸준히, 그리고 조금씩 강해진다. 만약 당신이 그 어느 때보다 강건해지고 만족하는 인생을 살고 싶다면, 하나님이 성경을 통해 말씀하는 것에 귀를 기울이라. 만약 당신이 꾸준히 성장하고 향상되기를 원한다면, 성경을 공부하는 데 헌신하라. 성경공부는 거대한 배당금을 받을 수 있는 투자이다.

10

보화 캐내기

만약 당신이 꾸준히 성경말씀을 깊이 판다면, 당신은 놀라운 보화를 발견하게 될 것이다.

"성경은 갓난아기가 빠질 염려 없이 안심하고 마실 수 있을 정도로 얕고,
신학자가 수영을 하면서 그 바닥을 알 수 없을 정도로 깊다."

제롬(St. Jerome)

◆◇◆◇◆

실화를 바탕으로 만든 '허리케인(The Hurricane)'이라는 영화에서 덴젤 워싱톤(Denzel Washington)은 권투선수 루빈 허리케인 카터(Rubin Hurricane Carter)의 역할을 맡았다. 루빈 허리케인 카터는 사람을 세 명이나 살해했다. 그가 살인죄로 1966년 체포되어 형을 선고받았을 때 챔피언이 되려는 그의 꿈은 산산조각 나버렸다. 30년이라는 긴 세월을 감옥에서 보내는 동안 카터는 감옥 안에서 자서전을 쓰면서 자신의 절망과 실의를 회고했다.

그 책이 출판된 지 몇 년 후, 레자라(Lezara)라는 소외된 젊은 흑인 청년이 세 명의 멘토와 읽는 법을 배우고 있었다. 그들은 레자라를 자기들의 집으로 데려왔다. 이 세 명의 친구들 중 한 사람이 그를 책을 세일하는 곳으로 데려갔고 레자라는 거기서 카터의 책을 골랐다.

레자라는 "어떤 책을 골라야 할지 어떻게 알죠?"라고 물어본다.

그의 친구는 "때로는 우리가 책을 고르는 것이 아니라 책이 우리를 고르지"라고 그의 지혜로운 친구는 대답한다.

레자라는 카터의 이야기에서 인생의 목적과 깨달음을 얻고 허리케인에게 편지를 쓰기 시작한다. 멘토링의 관계가 점점 깊어졌고, 얼마 후 레자라의 친구들은 카터를 위해 구명운동을 펼치고 그의 석방을 위해 투쟁하기로 맹세한다. 카터는 처음에는 레자라의 백인 친구들을 수상하게 여겼지만 그들의 진심과 헌신에 마음을 연다. 나중에 그는 레자라에게 "미움이 나를 감옥으로 가게 했지만 사랑이 내 인생을 다시 꽃피게 할 거야"라고 말한다.

그의 20년에 걸친 정의를 위한 투쟁은 승리에 넘치는 자유로 끝을 맺는다. 그리고 그는 그의 책에 깊은 감명을 받은 "그의 동생"인 그 젊은 청년과 승리를 축하한다. 영화의 마지막 장면에서 재판 결과를 기다리는 동안 허리케인은 젊은 청년 레자라에게 "네가 처음으로 사본 책은 어떤 책이었지?"라고 물어본다.

레자라는 "형이 쓴 것"이라고 대답한다.

"너는 그것이 우연히 그렇게 된 것이라고 생각하니?" 허리케인이 물어본다.

"아니."

그 순간 어린 레자라는 그의 멘토가 해준 말을 떠올린다. "책이 우리를 고르지."

성경은 바로 그런 책이다. 성경이 당신을 선택했다는 것을 깨닫지 못한다면, 그리고 성경을 쓰신 분이 성경을 쓸 때 당신을 마음에 두고 있었다는 것을 깨닫지 못한다면 당신은 성경책을 읽을 수가 없다. 성경책을 통해 하나님이 당신에게 말하시는 것을 귀 기울여 들으면 당신의 인생은 완전히 달라질 수 있으며 모든 면에서 훨씬 낫게 바뀔 수 있다.

성경은 우리들 중 어떤 이들을 "선택"하지만, 반면 성경을 선택하지 않는 사람들이 너무나 많다. 조지 바나(George Barna)의 흥미로운 연구 프로젝트는 미국인들이 성경을 어떤 시선으로 바라보는지를 잘 보여준다. 그의 연구보고서는 "거듭난 신자의 71%가 일주일에 비크리스천들보다 두 배가 약간 넘게 성경을 읽는다"는 것을 보여주고 있다. (나는 여기서 비크리스천들이 교회에 나가는 사람들이라고 가정한다) 그는 이어서 "이와 유사하게 복음주의 교회에 다니는 사람들은 (72%) 개신교 주류 교회에 다니는 사람들(54%)이나 가톨릭교회에 다니는 사람들(26%)보다 성경에 대해 훨씬 마음이 열려있는 것으로 보인다"[1] 라고 말하고 있다.

마지막으로, 내 눈에 가장 선명하게 들어왔던 새로운 사실은 이것이었다. "전체적으로 크리스천의 15%가 일주일에 하루 정도 성경책을 읽으며, 28%가 일주일에 이틀에서 엿새 사이로 성경을 읽고, 12%가 매일 성경을 읽는다."[2]

나는 많은 크리스천들이 매일 성경을 읽지 않는다는 사실을 접할 때마다 서글퍼진다. 하나님은 우리를 축복하시기 원한다. 하나님은 우리를 가르치시고, 길을 인도하시며, 우리와 대화하기를 원하신다. 하나님이 가장 분명하게, 가장 강력하게 그렇게 하실 수 있는 방법은 바로 성경을 통해서이다.

말씀을 통해 만나주신다

어린이들은 나이든 사람들과 좋은 균형을 이룬다. 나는 어린이들을 사랑한다. 그것은 아마도 내가 세상에서 나이 많은 소년이기 때문일 것이다. 여러 면에서 우리는 성장해야 하며 책임감도 배워야 한다는 것은 사실이다. 그러나 어떤 면에서 우리는 성장하지 말아야 한다. 만약 성장한다는 의미가 심각해지고, 불만이 많아지며, 마음이 좁아지는 것을 의미한다면 말이다. 두 살이든지 또는 백두 살이든지를 막론하고 우리 모두는 우리의 인생을 살면서 놀라고 감탄하며, 경이롭게 여길 줄 아는 감각을 지니고 있어야 한다. 나는 예수님이 "가라사대 진실로 너희에게 이르노니 너희가 돌이켜 어린아이들과 같이 되지 아니하면 결단코 천국에 들어가지 못하리라"(마 18:3)는 말에서 바로 이것을 말하려고 했던 것이 아닐까 생각한다. 예수님은 어린아이가 새로운 것을 깨달을 때마다 기뻐하는 것처럼 우리가 예수님 안에서 그렇게 기뻐하기를 원한다.

나는 아주 어렸을 때부터 자동차를 좋아했다. 나는 청소년이 되었을 때 전문 정비사에게 차를 맡길만한 돈이 없었기 때문에 내가 직접 내 차를 수리해야 했다. 중학교 시절에는 펜더와 배기 매니폴드 사이에 렌치와 손을 실제로 집어넣을 수 있다. 제너레이터를 교체하거나 또는 라디에이터를 빼내는 일은 그 또래의 남자아이들에게는 일종의 성장 의례와 같았다.

대부분의 내 친구들과 마찬가지로 나는 속도가 빠른 차를 좋아했다. 나는 비싼 차는 한 번도 가져보지 못했다. 그러나 고등학교에 들어가서는 속도가 빠른 차를 가질 수 있었다. 나는 19살 때 오리건

주 포틀랜드의 따뜻하고 화창한 아침에 샌디 볼로바드 도로 북쪽에서 드라이브를 했던 적이 기억난다. (포틀랜드에서는 따뜻하고 화창한 날이 아주 드물었기 때문에 내가 그때 일을 또렷하게 기억하는 것 같다) 내 차가 다른 길로 접어들었을 때 앞에서 밝은 빨간색의 1963년 코르벳 스팅레이 컨버터블(Corvette Stingray Convertible) 차가 내 차를 향해 돌진해오고 있었다. 그때 상대방 차가 급히 차머리를 돌렸다. 그리고 나도 차머리를 돌렸다.

나는 좋은 날씨에도 불구하고 여러 가지 이유 때문에 그 사건을 기억하고 있다. 첫째, 그 일은 세븐업 생수설비라인과 도시 경계표지판 바로 옆에서 일어났다. 둘째, 운전자는 머리가 허연 할아버지였다. 그리고 또 희한했던 것은 나이 많은 남자가 속도가 빠른 차를 타고 다닌다는 것이었다. 그리고 셋째로 그것은 1963년에 생산된 것이었기 때문에 코르벳 중에서도 신형 차였다.

나는 그의 차를 스쳐 지나가면서 속으로 '야, 저 할아버지 멋지네' 라고 생각했다. 나는 나도 나이가 들면 그런 멋쟁이가 될 수 있기를 바랐다. 사실 그 남자는 갓 40이 넘은 남자였던 것 같다. 그러나 청소년기의 사내아이에게는 흰머리가 있는 사람은 다 할아버지처럼 보였다. 나는 지금 40이 넘었고 흰머리가 여기저기 나있다. 나는 어린 학생들이 나를 보고 '저 아저씨 멋쟁이네' 라고 생각해주기를 바란다.

최소한 나는 "백발은 영화의 면류관이라 의로운 길에서 얻으리라"(잠 16:31)는 잠언 말씀에서 힘을 얻는다.

내가 하려는 말의 핵심은 이것이다. 나는 성경이 연령대별로 다 맞는다는 것을 알고 있다. 당신은 성경을 읽는 흰머리가 성성한 남자를 멋지다고 생각하지 않을지도 모르겠다. 그러나 그것은 잘못된 생각이다. 우리는 성경을 우리의 책으로 받아들여야 한다. 성경은 어린아이들에게나 좋은 이야기책이라든지, 하늘나라로 갈 날이 얼마 남지 않은 나이 많은 사람의 책이라고 생각해서는 안 된다. 성경책은 모든 연령대의 사람들을 위한 책이다.

목사로서, 아버지로서, 할아버지로서 나는 어린아이들이 성경에 더 자연스럽게, 그리고 쉽게 끌린다는 것을 알았다. 그들은 다윗이 골리앗을 물리친 이야기와 같은 용기 있는 영웅이야기들을 좋아한다. 그리고 아이들은 요나나 노아와 같이 특징이 분명하게 드러나는 인물의 이야기를 좋아한다. 또한 어린이들은 성경암송하기를 좋아한다. 그들의 마음은 스펀지와 같아서 모든 것들을 빨아들일 준비가 되어 있다.

여기서 더 좋은 점은 어린아이들에게 책을 읽어주기 위해 어른이 성경을 읽지 않을 수 없다는 것이다. 아버지로서 나는 어린아이들이 엄마나 아빠와 함께 앉아서 책 읽는 것을 아주 좋아한다는 것을 알고 있다. 만약 당신이 어린 자녀를 둔 부모라면 당신은 말씀의 씨앗을 뿌려주기를 기다리고 있는 아주 좋은 밭을 소유하고 있는 것이다. 그들의 마음 밭이 아주 부드러울 때 그 세월을 그냥 허비하지 말고 성경말씀을 뿌려주라. 당신이 그렇게 했을 때 자녀들이 청소년이 되면 당신은 결코 후회하지 않게 될 것이다. 성경은 "마땅히 행할 길을 아이에게 가르치라 그리하면 늙어도 그것을 떠나지 아니하리라"(잠 22:6)고 말하고 있다.

어린아이들은 단순하기 때문에 성경을 잘 받아들인다. 마찬가지로 어른들도 성경을 배우는 데는 이러한 단순성이 요구된다. 하늘나라는 이렇게 어린아이와 같은 마음을 가진 자들의 것이다. 우리는 어린아이들과 같이 되어야 한다. 어린아이들처럼 겸손히 배우는 마음과 열정이 있어야 하며 또 감탄할 줄 알아야 한다.

당신은 "이봐요, 마이크 잠깐만요. 나는 고등교육을 받은 사람이에요. 나는 성경을 배우면서 유치원생처럼 행동할 수는 없어요"라고 말할지도 모르겠다. 그러면 나는 그에 대한 답으로 "문제는 당신이 받은 교육수준이 아니라 성경을 향해 마음을 열고 배우는 것에 대한 당신의 마음가짐입니다"라고 말할 것이다. 그것이 바로 성경의 아름다움이다. 하나님은 하나님이 말하는 것을 귀 기울여 듣고 받아들이는 사람이라면 누구에게나 어떤 사람에게나 말씀하신다. 당신은 박사과정을 마쳤을 수도 있고, 초등학교 3학년도 마치지 못했을 수도 있다. 당신은 책을 아주 빨리 읽는 사람일 수도 있고, 난독증 때문에 글 읽기가 쉽지 않을 수도 있다. 당신은 복잡한 개념들과 씨름하는 것을 좋아할 수도 있고, 단순하고 직접적인 진리들을 즐기는 사람일 수도 있다. 당신의 기질, 배경, 교육 수준이 어떻든지 간에 하나님은 당신의 모습 그대로 당신을 만나주신다.

성령의 통찰을 의지하라

어느 날, 예수님은 가장 친한 친구들에게 자신이 얼마 후 죽게 될 것과 하늘로 올라가게 될 것에 대해 말씀했다. 그러나 예수님은 그들을 홀로 두지 않겠다고 약속하셨다. 예수님은 성령을 보내실 것이며, 성령은 그들이 하나님의 일을 이해하도록 도와 줄 것이라고 말씀했다.

"내가 너희에게 실상을 말하노니 내가 떠나가는 것이 너희에게 유익이라 내가 떠나가지 아니하면 보혜사가 너희에게로 오시지 아니할 것이요 가면 내가 그를 너희에게로 보내리니"(요 16:7)

이 말은 제자들의 마음에 궁금증을 불러일으켰을 것이다. 그들은 '잠깐만 그렇게 되면 우리가 세울 지상 메시아왕국은 어떻게 되는 거지? 우리가 출범시키기로 했던 새로운 정부는 어떻게 되는 거야? 상담자는 도대체 누구야? 도대체 누구를 말하고 계시는 거지?' 라고 생각했을 것이다. 그러나 예수님은 그들이 그 믿기 어려운 말들을 언젠가는 잘 소화해낼 수 있을 것이라는 것을 알고 있었다.

"내가 아직도 너희에게 이를 것이 많으나 지금은 너희가 감당치 못하리라 그러하나 진리의 성령이 오시면 그가 너희를 모든 진리 가운데로 인도하시리니 그가 자의로 말하지 않고 오직 듣는 것을 말하시며 장래 일을 너희에게 알리시리라 그가 내 영광을 나타내리니 내 것을 가지고 너희에게 알리겠음이니라 무릇 아버지께 있는 것은 다 내 것이라 그러므로 내가 말하기를 그가 내 것을 가지고 너희에게 알리리라 하였노라"(요 16:12~15)

성령은 진리의 영으로서 우리를 진리 가운데로 인도한다. 이것은 우리에게 좋은 소식이다. 그 이유는 우리 각 사람은 진리를 원하고, 우리 모두는 인도함이 필요하기 때문이다. 나는 크리스천이 되기 전에 진리를 찾는 구도자였지만 방황만 계속했다. 진리를 찾는 나의 마음은 일본의 어느 해변에서 불경을 읽는 삶으로 나를 끌고 갔다. 나는 신비주의의 가르침을 배우기 위해 히말라야까지 갔다. 나는 기이한 수행들을 했으며, 신앙을 알아보기 위해 이단 세계를 탐구해보았다. 그러나 내가 예수님을 발견했을 때 나는 예수님만이 길이요, 진리요, 생명이라는 것을 깨달았다.

하나님이 무한하신 지혜로 우리에게 성령을 보냈다는 것은 우리에게 정말 다행스러운 일이 아닐 수 없다. 시간이 흐르면 성경은 하나님을 찾는 사람들의 손으로 들어간다. 또 시간이 흐르면 모든 구도자들의 마음과 영혼에서 성령의 초자연적인 역사로 말미암아 성경에 대한 이해가 이루어진다. 하나님의 영이 우리를 항상 돕고 있다는 것을 염두에 두면서 어떻게 하면 성경 읽기와 성경공부를 통해 최대한으로 많은 것들을 얻을 수 있는지 몇 가지 단계들을 살펴보자.

당신은 특별하다

하나님이 사람들을 만드실 때 어떤 사람들은 천재로 만든다는 것은 사실이다. 그런 사람들은 머리가 뛰어나고 이해의 폭도 넓다. 우리는 그런 사람들로 인해 하나님께 감사할 수 있다. 내가 그들 중에 한 사람이 아니라는 것은 분명하지만 나는 그들에게 감사한다. 만약 탁월한 두뇌를 가진 그런 사람들이 아니었다면 입이 딱 벌어지게 하는 테크놀로지, 의학, 수준 높은 교육을 제공하는 학교들은 존재하지 않을 것이다.

그러나 우리들 중 다수는 천재들이나 학자들이 아니다. 하나님은 우리가 그들처럼 연구하고, 생각하며, 행동하기를 기대하지는 않으신다. 하나님은 우리가 성경을 즐기고 어떻게 성경에 따라 사는지를 배우기를 원하신다. 우리에게는 성경이 그렇게 복잡할 필요가 없다. 우리는 복잡한 것을 싫어한다. 기억할 것은, 우리의 사랑의 대상은 하나님이지, 글자들, 개념들, 교리들이 아니다. 우리가 구원을 인해 감사하며 섬기는 분은 예수님이시다. 우리가 신뢰하는 분, 그리고 성경말씀을 통해 우리를 인도해주는 분은 성령님이시다.

단순히 당신이 학문적인 사람이 아니라고 해서, 또는 "책을 가까이 하는 것"을 어려워한다고 해서 성경을 멀리하지 말라. 하나님은 수학자나, 자동차 정비사나, CEO나, 비서나, 도시설계사나, 환경미화원이나 모든 사람들을 똑같이 사랑하신다. 당신은 특별하다. 그리고 하나님은 당신의 모습 그대로를 원하신다. 하나님은 온유하시며 자비가 풍성하시기 때문에 오래 참으신다. 당신의 직업이 무엇이든지, 당신이 어디에서 살고 있든지 간에 하나님은 당신이 이해할 수 있는 방법으로 당신에게 말할 것이다.

"왜?"라는 덫에 잡히지 말라

나는 목사로서, 그리고 경찰 목사로서 "왜 사랑의 하나님이 이런 일이 일어나게 하신 거죠?", "왜 하나님은 나에게 이런 일이 일어나게 하신 거죠?"라는 말을 수도 없이 들었다. 하나님에 대해 "왜"라는 질문들이 당신의 마음속에 떠오를 때 우리는 그 답을 알 수가 없다. 우리는 하나님이 하시는 일을 전부 다 알 수는 없다. 그 이유는 하나님은 우리에게 하나님 자신에 대해 일일이 설명하지 않기 때문이다.

우리가 해야 할 일은 하나님의 방법과 동기를 충분히 이해하는 것이다. 우리가 해야 할 일은 하나님을 신뢰하고 하나님의 말씀을 믿는 것이다. 사실 하나님은 우리가 하나님이 하시는 일들을 항상 이해하리라고 기대하지는 않는다.

"여호와의 말씀에 내 생각은 너희 생각과 다르며 내 길은 너희 길과 달라서 하늘이 땅보다 높음 같이 내 길은 너희 길보다 높으며 내 생각은 너희 생각보다 높으니라 비와 눈이 하늘에서 내려서는 다시 그리로 가지 않고 토지를 적시어서 싹이 나게 하며 열매가 맺게 하여 파종하는 자에게 종자를 주며 먹는 자에게 양식을 줌과 같이 내 입에서 나가는 말도 헛되이 내게로 돌아오지 아니하고 나의 뜻을 이루며 나의 명하여 보낸 일에 형통하리라"(사 55:8~11)

언젠가는 하나님은 모든 것들을 우리에게 밝히 드러내 보여주실 것이며, 우리는 모든 것을 이해할 수 있게 될 것이다. 그 때까지 우리는 하나님의 주권을 믿고 우리가 생각하는 것보다 더 큰 뜻이 있을 것이라고 믿어야 한다.

이해가 되지 않아도 걱정 말라

현대 문화 속에서는 마치 우리가 모든 것에 대한 답을 알아야 할 것처럼 생각이 들 때가 있다. 그러나 영적인 왕국에서는 반드시 그럴 필요는 없다. 왜냐하면 하나님이 모든 것에 대한 답이기 때문이다. 성경을 공부하다가 당신에게 이해가 되지 않는 부분이 있다고 해서 스트레스를 받지 말라. 당신이 읽는 내용을 그냥 즐기라. 그러다 보면 성령이 당신에게 친히 말해줄 것이다. 솔로몬이 "지혜 있는 자는 듣고 학식이 더할 것이요 명철한 자는 모략을 얻을 것이라"(잠 1:5, NKJV)고 말했던 것처럼 말이다.

성경을 읽다가 당신이 관심 있는 주제를 발견하고 성경이 그것에 대해 말해주는 것을 깨닫는 것은 항상 즐거운 일이다. 내가 가장 좋아하는 순간은 구약에서 나의 상황과 딱 맞아 떨어지는 이야기들을 읽을 때이다. 내가 성경을 읽고 있는 장을 스무 명의 다른 사람들도 함께 읽고 있을 수 있다. 그러면 동일한 한 가지 이야기가 각각 스무 개의 의미를 담게 된다. 그리고 하나님은 그중에서 특별히 나에게 맞는 깨달음을 주신다.

때로 사람들은 성경을 읽기 시작하면서 그들이 완전히 곤고한 사람처럼 느낀다. 그렇게 되면 그들은 사물의 어두운 면만을 보게 되며 하나님의 창조세계의 아름다움을 놓치게 된다. 그러나 성경에 나와 있는 것들을 열린 마음으로, 그리고 어린아이와 같은 믿음으로 탐구해보라. 사람의 인정이 아니라 하나님의 인정을 받기 위해 성경을 공부해보라. 당신을 모든 진리 가운데로 인도하는 하나님의 진리의 영의 말을 듣고 싶어서 성경에 몰입해보라. 잘 모르고 이해가 되지 않는 것들에 메이지 말라.

D. L. 무디는 19세기에 가장 존경받는 영감이 넘치는 성경 선생이었다. 그는 많은 책을 저술했으며, 학교를 세웠고, 세계 곳곳을 다니며 수천 번에 이르는 설교를 했다. 그는 이런 말을 했다. "나는 성경에 기록된 것들 중에 내가 잘 이해가 되지 않는 부분들 때문에 기뻐하게 됩니다. 만약 내가 성경을 다른 일반 책들처럼 생각하고 읽는다면 나도 그런 책을 한 권쯤은 쓸 수 있다고 생각하게 될지도 모

르기 때문입니다."[3]

만약 무디처럼 성경적으로 잘 교육을 받고 지식이 많은 사람이 성경 내용 중에 이해하지 못하는 부분이 있는 것으로 인해 걱정하지 않았다면 우리도 걱정할 필요는 없다. 주님은 자기의 일을 정확히 알고 있다. 그러므로 성경을 깊이 파서 주님이 친히 당신을 가르치도록 하라. 하나님의 말씀을 구하고 잘 듣는 자에게 베풀어지는 상급을 받아라.

당신을 가르쳐주는 목자를 만나라

성경은 우리에게 하나님이 어떤 사람에게는 가르치는 은사를 주셨다고 말하고 있다. "그가 혹은 사도로, 혹은 선지자로, 혹은 복음 전하는 자로, 혹은 목사와 교사로 주셨으니, 이는 성도를 온전케 하며 봉사의 일을 하게 하며 그리스도의 몸을 세우려 하심이라"(엡 4:11~12, NKJV)

목사나 교사들은 하나님의 일을 하도록 당신을 무장시켜주는 은사를 받은 사람이라는 사실에 유의하라. 가르치는 것과 목양을 하는 것은 사역 중에 사역이다. 성경을 가르쳐 주는 교회를 찾아라. 그리고 목자의 심정을 가진 목사가 있는 교회를 찾아라.

바울은 이에 대해 다음과 같이 말했다.

"우리가 한 몸에 많은 지체를 가졌으나 모든 지체가 같은 직분을 가진 것이 아니니 이와 같이 우리 많은 사람이 그리스도 안에서 한 몸이 되어 서로 지체가 되었느니라 우리에게 주신 은혜대로 받은 은

사가 각각 다르니 혹 예언이면 믿음의 분수대로, 혹 섬기는 일이면 섬기는 일로, 혹 가르치는 자면 가르치는 일로, 혹 권위하는 자면 권위하는 일로, 구제하는 자는 성실함으로, 다스리는 자는 부지런함으로, 긍휼을 베푸는 자는 즐거움으로 할 것이니라"(롬 12:4~8, NKJV)

하나님과 하나님의 말씀을 존중하고 경외하는 지도자가 있는 교회를 찾아라. 예배하고 배우고 성장할 수 있는 곳을 찾아라. 믿음이 깊어지도록 당신을 도와 줄 수 있는 좋은 교사나 목사를 찾으려 할 때에는 성령에게 구하고 성령이 당신을 "모든 진리" 가운데로 인도하게 하라.

좋은 교제의 장소를 찾아라

1974년 샌디에고에서 우리가 사역을 처음 시작했을 때는 가정에서 10명의 사람이 모였다. 그 때부터 지금까지 매년 우리는 성도들이 가정에서 모여 교제를 이루도록 하고 있다. 그 이유는 가정의 거실 환경이 사람에게 친밀감을 주기 때문이다. 가정이라는 환경은 마음을 열고, 대화하며, 질문하며, 함께 기도할 수 있는 친밀하고 따뜻한 분위기를 제공해준다.

이것은 또한 교회의 지도부에게 훈련의 장이 되기도 한다. 목사가 사역과 리더십 역할을 잘 수행하려면 목사는 반드시 자기를 낮추고 하나님이 친히 사람들을 높이도록 해야 하는 것을 배워야 한다. 다른 사람에게 양떼를 먹이는 일을 맡기려면 목사 편에서는 믿음이 필요하다. 그러나 가정에서 모이는 소그룹은 목사가 지켜보는 가운데 소그룹 지도자들이 실제로 목양을 해볼 수 있도록 해주며, 자신감을 얻도록 해주고, 또 은사를 사용해볼 수 있도록 해준다.

당신에게는 어쩌면 이것이 낯선 영역일지도 모르겠다. 어쩌면 당신은 군인이거나, 아니면 대학을 나오지 않았을 수도 있다. 당신이 어떤 종류의 사람이든지 함께 기도하고, 함께 성경을 읽는 그룹에 들어가라. 이렇게 할 때 당신은 주변에 다른 믿는 자들이 있다는 것을 생각하며 힘을 얻게 될 것이다.

율법적이 되지 말라

몇 년 전에 척 스미스 목사님이 우리 교회 전도학교에서 설교를 한 적이 있었다. 그 클래스에는 아주 발표를 잘하는 젊은 청년이 있었다. 그는 잘생기고, 체격도 좋았으며, 아주 지적이었다. 또한 그는 성경에 대해서 "사소한 말로 다투는" 경향이 있었으며, 토론을 깊이 이끌어 가곤했다. 다른 학생들은 그를 의미가 애매한 성경말씀과 교리적인 상세 부분들에 대해 논쟁하기를 아주 좋아하는 사람으로 알고 있었다. 솔직히 말하면 그는 율법주의자였고 단순히 성경과 사랑에 빠지는 단순성을 모르고 있는 사람이었다.

그 클래스가 끝날 무렵 즈음 그 청년은 척 목사님에게 다가와서 영적인 토론을 하기 시작했다. 나는 이 "지적인 거인"에게로부터 척 목사님을 빠져나오도록 해서 되도록이면 목사님이 쓸데없는데 시간을 쓰지 않도록 해주고 싶었다. 그러나 척 목사님은 그와 대화를 하기 시작했다. 그는 그 청년의 질문에 부드럽게 대답해주었고, 반 전체 학생들이 "양자 간의 토론"이 어떻게 되는지를 지켜보려고 주위로 몰려왔다.

그 학생은 척 목사님보다 약 15㎝ 정도 더 키가 컸기 때문에 척 목사님은 그 학생을 올려다보고 있었다. 지혜롭게도 척 목사님은 바닥에 앉았다. 그렇게 하자 그 청년은 멋쩍게 서서 나이 많은 척 목사님과 어느 정도 거리를 두고 토론을 하게 되었다. 상황이 그렇게 되자 이 키 큰 청년도 얼마 지나지 않아 바닥에 앉았다. 이제 이 두 사람은 눈과 눈을 마주하게 되었다.

척 목사님은 기름부음 받은 선생답게 그 상황을 잘 이끌었다. 그리고 오늘날까지도 그의 교훈은 내 마음과 정신에 울려 퍼지고 있다. 그는 그 청년이 지식을 자랑하려고 그리스어와 히브리어로 된 온갖 어려운 말들을 인용하면서 열변을 토하고 있는 도중에 그의 말을 잠깐 자르며 부드럽게 말했다. "학생, 예수님이 했던 말을 잘 생각해보세요. 예수님은 '성령이 진리의 영이라' 고 말했지 '성령이 몇 장 몇 절에 뭐가 기록되어 있다는 것을 말해주는 영' 이라고는 말하지 않았습니다. 다른 말로 하면 나는 성경에 나와 있는 모든 문제들에 대해 논쟁을 하는 것보다는 진리의 영을 받아들이는 것이 가장 중요하다고 생각합니다."

성경에 나와 있는 모든 크고 작은 것들에 대해 논쟁을 하자고 마음먹는다면 수세기에 걸쳐 한다 해도 시간이 부족할 것이다. 그런데 도대체 왜 그런 논쟁이 필요한가? 도대체 뭘 위해서 그런 논쟁을 한단 말인가? 성경에 대해 토론하고 논쟁하고 싶어 하는 사람은 항상 있을 것이다. 자기들의 성경해석이 맞는 것이라고 주장하면서 우리를 설득하려는 사람들은 항상 있을 것이다. 성경의 내용을 올바로 이해해야 하고 또 우리의 신앙에 대해 분명하게 규정해야 할 필요가 있는 것은 사실이지만, 그렇다고 해서 모든 "세부적인 것"들에까지 매달릴 필요는 없다. 우리는 "사사로운 것들을 중요하게 다룰 필요는 없다."

18세기의 존경받는 신학자이자 설교자인 윌리암 로(William Law)는 이런 말을 했다.

"지적인 사람들 중에 많은 사람들이 성경의 기록 날짜나 또는 언어적인 문제들에 너무 치중하다가 성경의 주된 주제인 우리를 향한 하나님의 사랑과 하나님을 향한 우리의 사랑을 깊이 생각하지 못한다. 그들은 진리에 매우 관심이 많은 것 같지만 진리가 가진 진정한 목적인 우리를 진리의 하나님께로 인도하는 것을 간과해 버린다."[4]

자, 가장 중요한 목표를 바라보자. 그것은 하나님을 마음과 성품과 힘을 다해 사랑하는 것이다. 하나님을 사랑하는 것에 집중할 때 우리는 막다른 골목에 다다르지 않게 될 것이다.

우리가 주의해야 할 것은, 특정 성경 해석만 인정하여 그 성경만 사용해야 한다는 점이다. 크리스천 중에 일부는 '킹제임스' 번역만을 믿는다. 나는 킹제임스 번역을 좋아한다. 그리고 원어 성경에 더 가까운 성경을 사용하는 것은 바람직한 것이다. 그러나 어떤 사람들은 thees와 thous와 같은 옛날식 표현에 그리 익숙하지 않다. 때로는 Living Bible 또는 The Message 성경처럼 현대식 언어로 번역한 성경들이 더 이해하기 쉽다. 서점에 가면 당신이 믿고 살 수 있는 성경번역판들이 여러 개 나와 있다. 거기에는 New American

Standard Bible, the New International Version, The New King James Version이 있으며 이런 번역판들도 널리 인정받고 사용되고 있다.

당신 교회의 목사에게 물어보라

주일 아침 세계 곳곳에는 참 희한한 일이 일어난다. 예배가 끝나고 나면 사람들이 목사와 악수를 하기 위해 교회 문 앞에 줄을 선다. 사람들은 악수를 하면서 목사에게 물어보고 싶은 것을 물어보거나 기도를 부탁한다. 개인적으로 나는 그런 순간을 좋아한다. 왜냐하면 그렇게 함으로써 성도들의 필요가 무엇인지 알게 되기 때문이다. 그런데 그 때마다 내가 깨닫는 것은 성경에 관심을 갖는 성도들이 거의 없다는 것이다. 나만이 아니라 다른 목사들도 나와 마찬가지로 그렇게 느낄 것이다. 성도들 중에 성경을 읽으면서 그들이 최근에 궁금하게 생각했던 것들 또는 아침묵상 시간에 보았던 말씀에 관한 질문을 하는 사람들은 거의 찾아보기 힘들다.

어떤 것이든 궁금한 것이나 알고 싶은 것이 있으면 당신의 교회 목사에게 주저하지 말고 물어보라. 교회 지도자들은 당신을 섬기고 당신에게 가르쳐 주기 위해 있는 것이다. 교회는 목사를 위해 존재하는 것이 아니다. 목사는 하나님의 말씀을 당신에게 먹일 수 있도록 영적무장을 갖춘 지체에 불과하다.

주석과 다른 자료들을 활용하라

나는 성경을 명확하게 이해할 수 있도록 도와주는 많은 책들을 소장하고 있다. 내가 성경을 읽다가 이해하기 어려운 부분이 있으면 나는 그런 책들의 도움을 받는다. 한 가지 책만 읽는 것보다는 몇 가지를 읽으면 해당 성경말씀을 여러 가지 관점에서 볼 수 있다.

주석은 성경 선생들, 학자들, 목사들, 그 외에 성경을 사랑하는 사람들이 쓴 것이다. 주석은 성경을 읽다가 명확하지 않은 부분을 이해할 수 있도록 도와주며 성경말씀과 관련하여 여러 가지 전후배경을 알려주는 좋은 책이다. 주석을 읽어보면 성경이 기록될 당시의 문화나 관습들을 배울 수 있을 때가 많다.

기타 여러 가지 책들, 소프트웨어, 자료들도 성경공부에 도움이 될 수 있다. 나는 최신성서핸드북을 자주 애용한다. 이 책은 역사적 고고학적 통찰력과 함께 성경에 대한 탁월한 개요를 제공해준다.

당신에게는 묵상집이 아주 좋은 도구가 될 수 있다. 옛 작가들이 쓴 클래식 묵상집 뿐만 아니라 현대 작가들이 주제별로 쓴 묵상집도 사용할 수 있다. 좋은 묵상집은 짧은 메시지와 함께 성경 본문이 실려 있어서 당신이 깊이 생각할 수 있도록 해주며 영감을 준다. 오스왈드 챔버스(Oswald Chambers)의 '주님은 나의 최고봉(My Utmost for His Highest)' 은 몇 십 년 동안 많은 사람들에게 사랑을 받은 클래식 묵상집이다. 또 다른 것으로는 런던 출신의 19세기 유명한 설교자 찰스 스펄전(Charles Spurgeon)이 쓴 '아침과 저녁(Morning and Evening)' 이 있다.

주제별로 또는 인물별로 공부를 하라

당신은 용서, 구속, 자비 등 주제별 공부를 함으로써 유익을 얻을 수 있다. 나는 그렇게 공부하는 것을 좋아하며, 그렇게 해서 배운 것을 설교에 적용한다. 성경 본문의 원어는 우리가 생각하는 것보다 훨씬 더 깊은 의미를 담고 있을 때가 종종 있다. 이러한 깊은 의미를 설교에 적용할 때 그 의미가 살아날 수 있다.

나는 당신에게 기독교서점에 가서 성경공부에 사용되는 수많은 도구들을 살펴보라고 권하고 싶다. 가장 도움이 되는 책 중에 하나는 성구사전(Strong' s Exhaustive Concordance)이다. 그 책은 성경에 나오는 모든 말들을 정의해주고 있고, 구약의 히브리어와 신약의 그리스어가 나와 있다. 이런 종류의 책은 당신이 좀 더 깊이 알고 싶어 하는 주제들을 더 잘 이해할 수 있도록 해준다.

성경을 깊이 이해하려고 할 때 기도가 가장 우선이 되어야 한다는 것을 잊지 말라. 기도는 성경을 이해하는 방법 중에 가장 중요하면서도 가장 쉬운 방법이다. 성경을 읽을 때에도 그 말씀을 이해할 수 있도록 기도하라. 당신이 중요하다고 생각하는 진리를 밝히 드러내 보여주시도록 성령께 구하라. 기도할 때는 당신의 마음을 하나님께 아뢰라.

나는 당신이 성경과 사랑에 빠지기를 바라면서 본장에 몇 가지 제안들을 제시했다. 당신이 이 제안들을 따르기만 하면 분명히 당신은 하나님과 사랑에 빠지게 될 것이다. 내가 앞에서 말했던 바와 같이 성경은 성장, 발전, 진보에 관한 것이다. 당신의 삶은 하나님과 하나님의 말씀의 도움으로 점점 더 나아질 것이다. 나는 이 책의 독자인 당신이 성경말씀과 사랑에 빠지기를, 그리고 그 성경말씀을 기록하신 하나님과 깊은 사랑에 빠지기를 기대하면서 성경을 당신에게 추천한다.

성경책을 통해 하나님이 당신에게 말하시는 것을 귀 기울여 들으면 당신의 인생은 완전히 달라질 수 있으며 모든 면에서 훨씬 낫게 바뀔 수 있다.

결 론

모든 것이 당신 손 안에 있다

제5장에서 나는 톰 행크스(Tom Hanks)가 몇 년 동안 무인도에 고립된 페덱스(FedEx, 택배회사) 직원으로 열연했던 '케스트 어웨이(Cast Away)'라는 영화에 대해 언급했었다. 수퍼볼 XXXVII에서 페덱스는 그 영화를 풍자해서 아주 재미있는 선전광고를 내보냈었다.

초라하고 지저분한 페덱스 직원인 주인공은 손에 소포물 하나를 들고 도시변두리 지역의 어느 집 문 앞으로 걸어가고 있다. 어떤 여자가 문을 열고 나오자 그는 무인도에서 살던 5년 동안 이 소포물을 뜯어보지 않고 그녀에게 전달하기 위해 안전하게 보관했다고 설명한다.

그녀는 "고맙습니다"라고 간단하게 답한다.

그는 그가 5년간이나 보관했던 것이 도대체 무엇이었는지 궁금해 "그 소포물 안에 뭐가 들어 있었는지 물어봐도 되나요?"라고 묻는다.

그녀는 "아, 뭐 별거 아니에요"라고 하며 그 상자를 열어서 "그냥 위성폰, 위성 위치확인 시스템, 나침판, 정수기, 그리고 씨앗 몇 개에요"라고 말한다.

비참한 무인도 생활에서 벗어나는데 필요했던 모든 것들이 뚜껑을 열어주기만을 기다리면서 늘 주인공 옆에 있었던 것이다. 이것은 크리스천의 삶과 너무나 비슷하다. 그렇지 않은가? 소포물 안에 들어있던 내용물들처럼 모든 크리스천은 자유, 진보, 승리를 위한 모든 자료를 언제든지 사용할 수 있다. 그 자료들은 바로 성경 안에 있다. 그리고 우리는 성경을 펼치고 읽기만 하면 된다.

이제 이 책이 다 끝나간다. 나는 당신에게 잠깐 시간을 내어 기도하라고 권하는 바이다. 당신이 성경을 통해 깨달음을 얻고 배울 수 있게 해주시도록 주님께 기도하라. 이것은 분명 당신의 삶을 영원히 바꾸어줄 경험이 될 것이다. 하나님의 말씀은 당신에게 지혜와 분별력을 줄 것이다. 하나님은 당신의 영적인 삶에 깊은 만족을 주기 원하신다. 그리고 그것은 하나님의 말씀을 아는 지식과 함께 이루어질 것이다. 사도 바울은 이에 대해 다음과 같이 말했다.

"그의 신기한 능력으로 생명과 경건에 속한 모든 것을 우리에게 주셨으니 이는 자기의 영광과 덕으로써 우리를 부르신 자를 앎으로 말미암음이라 이로써 그 보배롭고 지극히 큰 약속을 우리에게 주사 이 약속으로 말미암아 너희로 정욕을 인하여 세상에서 썩어질 것을 피하여 신의 성품에 참여하는 자가 되게 하려 하셨으니"(벧후 1:3~4)

성경은 위대하고 귀한 약속들로 가득하다. 성경은 하나님이 천지를 창조하셨다고 선포하는 것부터 시작되며 "주 예수의 은혜가 모든 자들에게 있을지어다. 아멘"이라는 말씀으로 끝난다. 그 중간에 있는 모든 내용들은 상급이 있는 풍성한 삶을 살기 위해 우리에게 필요한 것들이다.

우주를 창조하신 창조주와 이제 곧 오실 우리 주 예수 그리스도의 은혜를 발견하는 놀라운 여정을 시작하라! 성경을 읽지 못하도록 당신을 방해하는 것들이 많이 있을 것이다. 그러나 그 어떤 것도 성경에 담겨 있는 능력, 지혜, 사랑의 인도하심으로부터 당신의 관심을 다른 데로 돌리지 못하게 하라. 당신은 듣고 있는가?

캘리포니아 주 샌디에고에서
당신의 친구 마이크 맥킨토시(Mik MacIntosh)

감.사.의. 글.

나는 쿡 커뮤니케이션(Cook Communications)에서 일하고 있는 모든 사람들과 복음에 대한 그들의 헌신에 감사한다. 편집자 케이스 월(Keith Wall)이 보여준 모든 노고에 감사한다. 그는 항상 배우려는 사람이며 또 훌륭한 교사이기도 하다.

나를 위해 기도해주고 아낌없는 사랑을 보여준 모든 사람들에게 감사한다. 그들은 내가 즐거운 마음으로 글을 쓰도록 해주었다. 나는 그들이 다른 사람들을 예수님께로 인도하는 것을 마음의 눈을 통해 볼 수 있다. 나는 그들의 사기를 북돋워주고 싶은 마음으로 이 책을 썼다.

특히 항상 내 옆에서 나를 위해 기도해주고 또 성경을 사랑하는 나의 아내 샌디에게 감사한다.

'성경과 사랑에 빠져라(Falling in Love with the Bible)' 를 집필하는 동안 성령께서 내게 항상 새로운 힘을 주신 것에 대해 감사한다.

NexStep

성경과 사랑에 빠져라

개인적 묵상과 그룹 토의를 위한 스터디 가이드

Study Guide

성경과 사랑에 빠져라

위대한 부흥강사 빌리 그래함(Billy Graham)은 이런 말을 했다, "여유가 된다면 가장 좋은 성경책을 사는데 돈을 투자하기를 두려워하지 말라. 왜냐하면 당신은 투자한 만큼 얻을 것이기 때문이다. 성경이 왜 모든 사람들의 필요를 채워주는 답인지, 왜 성경이 계속 전진할 수 있도록 믿음과 힘을 공급해주는 책인지 당신 스스로 답을 찾아보라."

이 말은 성경책 전체에 나와 있는 주제 중 하나를 말해주고 있다. 성경을 읽고 꾸준히 연구하라. 그것은 거대한 배당금을 거둬들일 수 있는 투자이다. 그렇게 할 때 당신의 삶은 풍성해질 것이며, 당신의 인간관계도 풍성해질 것이고, 또 당신은 인생의 의미와 목적을 발견하게 될 것이다. 무엇보다 성경을 꾸준히 읽는 것은 성경 한 장 한 장을 통해 당신과 대화하기를 간절히 바라시는 성경의 저자이신 하나님 아버지와 더 긴밀한 관계를 맺게 해준다. 사도 바울은 성경을 읽는 우리의 목표를 잘 표현해주고 있다.

"우리 주 예수 그리스도의 하나님, 영광의 아버지께서 지혜와 계시의 정신을 너희에게 주사 하나님을 알게 하시고 너희 마음 눈을 밝히사 그의 부르심의 소망이 무엇이며 성도 안에서 그 기업의 영광의 풍성이 무엇이며 그의 힘의 강력으로 역사하심을 따라 믿는 우리에게 베푸신 능력의 지극히 크심이 어떤 것을 너희로 알게 하시기를 구하노라"(엡 1:17~19)

이것이 바로 성경과 사랑에 빠지는 것에 담긴 궁극적인 목표이다. 다시 말하면 성경과 사랑에 빠지는 이유는 하나님을 더 잘 알고, 하나님과 동행하는 삶에 따른 약속과 축복을 다른 사람들과 함께 나누기 위한 것이다. 다음에 나오는 스터디는 성경 읽기에 영감을 주고 성경 읽기에 활기를 불어넣어서 하나님의 능력이 당신의 삶의 모든 부분에 혁신을 일으킬 수 있도록 하기 위한 것이다.

다음에 나오는 질문들은 개인 또는 그룹에서 사용하도록 만들어진 것이다. 개인적인 묵상시간에 또는 기도 동역자와 또는 그룹 공부에서 또는 주일학교 공부에서 이 지침서를 사용하라. 이 지침서를 사용하면서 당신이 하나님의 말씀에 더욱 깊이 감사하게 되기를 기도한다.

1 창조주와의 대화

1. 이 책에 나와 있는 모든 내용은 이 한 문장으로 요약될 수 있다. "성경과 사랑에 빠질 때 하나님과도 사랑에 빠지게 된다." 하나님과 사랑의 관계를 맺기 위해 성경을 읽고 공부하는 것이 왜 그렇게 중요하다고 생각하는가?

2. 히브리서 저자는 "하나님의 말씀은 살았고 운동력이 있다"(히 4:12)라고 말한다. 당신은 이 말이 무슨 뜻이라고 생각하는가? 종이에 글을 써서 그 종이를 한데 묶은 것에 불과한 책이 어떻게 살아 있을 수 있는가? 당신은 삶 속에서 하나님의 말씀이 살아있고 운동력이 있다는 것을 경험하고 있는가? 어떻게 할 때 하나님의 말씀이 살아있고 운동력이 있다는 것을 더 깊이 느낄 수 있는가?

3. 제1장에서 마이크가 말한 것처럼 하나님이 성경을 통해 우리에게 자신을 나타내는 것은 사실이다. 최근에 성경을 읽으면서 하나님의 성품에 대해 당신이 특별히 배운 것은 무엇인가? 다음 몇 주간에는, 그리고 몇 달 간에는 하나님의 어떤 부분에 대해 더 배울 수 있기를 바라는가?

4. 마이크는 "우리는 성경책을 무미건조한 필서나 역사 교재가 아니라 하나님 아버지와 긴밀한 관계를 맺을 수 있는 길로 생각해야 한다"라고 말한다. 하나님은 어떻게 성경을 사용하셔서 우리와 친밀한 관계를 맺는가? 당신은 성경 읽기가 당신에게 하나님과의 친밀감을 특별히 느끼게 해주었던 때를 기억할 수 있는가? 왜 그 경험은 당신에게 특별한 의미가 있는가?

5. 제1장에서는 신학자 A. W. 토저(Tozer)의 말을 인용했다. "하나님은 침묵하지 않는다. 하나님은 우리를 향해 말하고 싶어 하신다. '말씀' 은 삼위일체 중 2위이다. 성경은 하나님의 변개치 않는 말씀의 결과물이다. 성경은 하나님의 마음을 온전하게 선포한 것이다." 하나님이 당신에게 말하거나 또는 자신을 나타내려고 할 때 성경 외에 다른 방법이 있는가? 당신은 성경을 통해 하나님이 당신에게 말하는 음성을 듣는 것이 쉽다고 생각되는가, 아니면 어렵다고 생각되는가? 당신은 성경을 읽으면서 어떻게 하나님의 음성을 더 잘 들을 수 있는가?

2 새롭게 발견하는 성경

1. 마이크는 우리가 사는 이 세상은 일반적으로 성경에 대해 부정적인 관점을 가지고 있다고 단언하고 있다. 당신은 그의 말에 동의하는가? 당신은 우리가 살고 있는 세상의 문화가 어떻게 성경을 신용하지 않고 성경의 가치를 떨어뜨리려고 하는지 그 구체적인 예를 생각해볼 수 있는가? (대중매체, 대학 등)

2. 마이크는 그가 젊었을 때 성경을 "나이든 사람들을 위한 책"이라고 생각했다고 말했다. 젊은 청년으로서 성경을 보는 당신의 관점은 어떠한가? 가족이나 사회가 성경에 대한 당신의 인식 형성에 어떻게 영향을 주었는가? 세월이 흐르면서 성경에 대한 당신의 생각은 어떻게 바뀌었는가?

3. 제2장은 사람들이 성경에 대해 왜곡된 관점을 가지고 있는 이유가 어린 시절의 힘든 경험, 또는 '하라', 그리고 '하지 말라'에 관한 말들만 나열된 전설에 불과한 책이라는 생각, 성경에 대한 왜곡된 인상을 갖게 하는 문화 그리고 사회적인 영향, 시대에 뒤떨어진 진부한 책이라는 생각 등이라고 한다. 성경을 멀리하는 사람들에게

위의 요소들 중에 어떤 것이 가장 보편적으로 영향을 끼친다고 생각되는가? 이 외에 사람들이 성경을 멀리하는 이유로서 더 추가할 수 있는 것들이 있는가?

4. 수세기 전에 사도 바울은 "그 중에 이 세상 신이 믿지 아니하는 자들의 마음을 혼미케 하여 그리스도의 영광의 복음의 광채가 비취지 못하게 함이니 그리스도는 하나님의 형상이니라"고 말했다. 이것은 오늘날도 여전히 마찬가지이다. 이어서 사도 바울은 "어두운데서 빛이 비취리라 하시던 그 하나님께서 예수 그리스도의 얼굴에 있는 하나님의 영광을 아는 빛을 우리 마음에 비취셨느니라"(고후 4:4, 6)고 기록하고 있다.

하나님은 당신의 마음에 "그의 빛을 비추기 위해" 당신의 삶 속에 어떻게 역사하셨는가? 당신은 어떤 방법으로 "어두운데서 빛을 발함으로써" 다른 사람들이 하나님의 말씀의 진리를 볼 수 있도록 해 줄 수 있는가?

5. 하나님은 성경을 통해서 그의 자녀들과 대화하기를 간절히 바란다. 그런데 성경을 읽지 못하도록 당신을 가장 자주 방해하는 것들은 구체적으로 어떤 것들인가?

3 성경을 보는 패러다임

1. 제3장에서 마이크는 성경을 읽는 것이 "반드시 해야 하는" 의무가 아니라 "저절로 하게 되는 것"이라고 한다. 크리스천을 포함해서 왜 그렇게 많은 사람들이 성경 읽기를 "반드시 해야 하는 것"이라고 생각하는가? 당신은 열정과 기대를 가지고 성경 읽기를 "저절로 하게 되는 것"으로서 접근하는가? 만약 그렇지 않다면 그 이유는 무엇인가?

2. 제3장에서는 비즈니스 전문가 스티븐 코비(Stephen Covey)의 말을 인용하고 있다. "패러다임은 아주 강력하다. 그 이유는 패러다임이 세상을 바라보는 렌즈를 우리에게 제공해주기 때문이다." 성경, 교회, 영적인 문제들에 대해 당신이 어렸을 적부터 지금까지 가져온 패러다임은 무엇인가? 성경에 대한 당신의 패러다임이 보다 긍정적으로 바뀌어야 할 필요가 있다면 어떤 면에서 그런가?

3. 마이크는 아브라함 링컨(Abraham Lincoln)이 말한 것을 다음과 같이 인용했다. "사람들은 행복하기로 마음먹은 만큼만 행복할 수 있다." 이것이 당신에게는 정확히 무엇을 의미하는가? 당신

은 이 말에 동의하는가? 앞으로 몇 주간, 그리고 몇 달간 당신은 어떻게 성경에서 더 많은 것을 얻을 수 있는가?

4. 시편 19편 8절에 "여호와의 교훈은 정직하여 마음을 기쁘게 하고 여호와의 계명은 순결하여 눈을 밝게 하도다"(NKJV)라고 말하고 있다. 당신은 최근에 성경을 읽다가 마음에 기쁨을 느껴본 적이 있는가? 당신은 성경을 읽다가 새로운 진리와 영감에 눈뜨게 되었거나 새로운 깨달음을 얻은 경험이 있는가?

5. 제3장의 마지막 부분에는 마이크와 그의 어렸을 적 친구 듀위(Dewey)가 듀위의 할아버지 할머니에게 상담을 구했던 이야기가 나온다. 그 노부부와 만남은 마이크에게 강한 인상을 남겼다. 특히 노부부의 하나님과 성경을 향한 사랑이 너무나 분명하게 느껴졌다. 당신에게는 성경에 대한 사랑으로 당신에게 강한 인상을 남긴 사람이 있는가? 당신에게는 크리스천의 삶, 그리고 신앙과 관련해서 당신에게 본이 될 만한 사람이 있는가? 그 사람의 어떤 점 때문에 당신은 그 사람을 그렇게 인정하는가?

4 방향 점검

1. 마이크는 성경이 우리가 인생에서 부딪힐 수 있는 모든 문제들에 대해 지침과 지혜를 주는 "사용자 매뉴얼"과 같다고 말하고 있다. 과거에 성경이 어떻게 당신에게 구체적인 도움을 주었는가? 현재 당신의 문제는 하나님의 말씀의 도움으로 해결될 수 있는가? 그 문제는 어떤 문제인가?

2. 시편 저자는 "청년이 무엇으로 그 행실을 깨끗케 하리이까 물으며 대답하기를 주의 말씀을 따라 삼갈 것이니이다"(시 119:9)라고 말하고 있다. 그리고 신약 성경 말씀은 우리가 물로 씻어 말씀으로 깨끗하게 될 수 있다(엡 5:25~26)고 말하고 있다. 당신은 말씀으로 깨끗하게 된다는 뜻이 무슨 뜻이라고 생각하는가? 이 과정을 통해 우리가 어떻게 깨끗하게 되는가?

3. 우리의 인간적인 교만은 때로 하나님의 말씀에서 해결방법을 찾지 못하게 우리를 방해한다. 우리는 우리의 힘으로 모든 것을 할 수 있다고 생각한다. 문제가 있을 때 성경 외에 사람들이 도움과 지침을 얻으려고 하는 것에는 어떤 것들이 있는가? 문제가 있을 때 당

신이 가장 먼저 하는 것은 무엇인가?

4. 제4장에서 마이크는 그가 좋아하는 시편을 소개한다. “하나님이여 주의 생각이 내게 어찌 그리 보배로우신지요 그 수가 어찌 그리 많은지요 내가 세려고 할지라도 그 수가 모래보다 많도소이다 내가 깰 때에도 오히려 주와 함께 있나이다”(시 139:17~18) 하나님이 당신에 대해 그렇게 많이 생각하고 배려하고 있다는 것에 대해 당신은 어떻게 생각하는가? 이 말씀이 당신 자신에 대한 중요성 인식에 어떤 영향을 주는가?

5. ‘모험을 위한 지침서’라는 제목에 해당하는 내용에서 마이크는 “나는 예상가능하고 단조로운 삶을 살고 싶지 않다. 나는 세상 모든 사람을 사랑하고 돕고 구원하려는 하나님의 열렬한 계획에 동참하기를 원한다”라고 쓰고 있다. 당신도 마이크와 같은 생각을 하고 있다고 가정한다면, 어떻게 성경이 더 신나는 모험적인 인생을 살도록 당신을 도와줄 수 있다고 생각하는가? 다가오는 해에는 세상을 향한 하나님의 계획에 보다 더 적극적으로, 그리고 충분히 참여하기 위해 당신이 할 수 있는 것은 무엇인가?

5 서로 돌보는 공동체

1. 사도행전에는 초기 교회 신자 공동체를 "한 마음과 한 뜻"(행 4장)이라고 표현하고 있다. 신자들이 하나가 되도록 해주는 것이 구체적으로 무엇인가? 신자들 간의 연합을 마모시키는 것은 무엇인가? 오늘날 소그룹에서 또는 교회 전체적으로 어떻게 성도들이 하나 됨을 더 구체적으로 누릴 수 있는가?

1. 마이크는 "외로움은 우리 사회의 감정적인, 육적인, 영적인 병폐의 가장 큰 원인이라고 볼 수 있다"라고 말하고 있다. 당신은 이 말에 동의하는가? 만약 그렇다면 당신의 삶에, 그리고 다른 사람들의 삶에 외로움을 줄이기 위해 당신이 할 수 있는 것은 무엇인가?

3. 성경은 신자들 간의 친밀한 교제권 안에 들어가는 것의 가치에 대해 강조하고 있다. 당신이 신자공동체에 들어가는 것은 얼마나 중요한가? 우리 사회에서는 소속감이나 공동체 의식을 갖는 것이 왜 그렇게 어려운가?

4. 성경에는 결혼, 우정, 이웃과의 관계, 신자들과의 관계, 고용인

과 고용주, 부모와 자녀 등 여러 가지 종류의 인간관계에 대해 구체적인 이야기들과 지침들이 나와 있다. 당신이 향상시키고 싶은 인간관계는 어떤 것인가? 당신은 그 관계를 향상시키기 위해 성경을 어떻게 활용할 수 있는가?

5. 제5장에서 마이크는 저명한 부흥강사이자 교육자인 D. L. 무디(Moody)의 말을 인용하고 있다. "성경은 우리에게 지식을 더해주려는 것이 아니라 우리의 삶을 변화시키기 위한 책이다." 당신은 말씀을 통해 하나님이 당신의 삶의 특히 어떤 부분을 변화시켜주기를 바라는가?

6 계속되는 당신의 이야기

1. 성경에서 당신이 좋아하는 이야기는 어떤 것인가? 그 이야기가 당신의 마음에 더 다가오는 이유는 무엇인가? 당신이 당신의 삶에 적용되는 그 이야기에서 배운 것은 무엇인가?

2. 마이크는 성경이 "창세부터 시작된 이야기"라고 말한다. 당신은 과거와 미래가 연결되어 있다고 생각하는가? 당신의 삶이 하나님이 아직 공개하지 않은 드라마의 일부라고 할 때 매일의 삶을 바라보는 당신의 시각은 어떻게 바뀌겠는가?

3. 제6장에서 마이크는 다니엘 테일러(Daniel Taylor)의 말을 인용하고 있다. "이야기들은 우리에게 우리의 존재에 대해, 왜 존재하는지에 대해, 무엇을 해야 하는지에 대해 말해준다." 왜 이야기를 사용하는 것이 가르치는데 있어서 강력한 도구인가? 왜 하나님이 우리를 가르치기 위해 여러 가지 생생한 성경 이야기들을 사용하신다고 생각하는가? 왜 예수님은 여러 가지 이야기를 사용해서 가르치셨는가?

4. 마이크는 성경 인물들 중에 엘리야와 예레미야를 좋아한다고 말하면서 그가 그 두 사람에 관한 이야기를 통해서 배운 것들을 말해주고 있다. 그는 "나는 당신이 당신의 마음에 끌리는 좋은 인물들, 당신과 비슷하다고 생각되는 인물들, 그리고 많은 것을 배울 수 있는 인물들을 선택하라고 하고 싶다"라고 말한다. 당신에게는 마음에 끌리는 성경 인물이 있는가? 그 이유는 무엇인가? 그 인물을 통해 당신이 배울 수 있는 것은 무엇인가?

5. 하나님은 우리가 유명해지고, 인기가 있고, 출세하라고 우리를 부르신 것이 아니다. 사실 예수님은 "아무든지 첫째가 되고자 하면 뭇 사람의 끝이 되며 뭇 사람을 섬기는 자가 되어야 한다"(막 9:35)고 하셨고, 또한 "너희 모든 사람 중에 가장 작은 그이가 큰 자니라"(눅 9:48)고 말했다. 이 가르침은 어떤 점에서 세상이 생각하는 것과는 반대인가? 왜 어떤 사람들은 하나님을 위해 뭔가를 하기 위해서는 슈퍼스타가 되어야 한다고 생각하는가? 우리 시대에는 "모든 사람의 종"이 된다는 것이 무엇을 의미하는가?

7 믿음의 계단을 오르기

1. 오스왈드 챔버스(Oswald Chambers)는 "믿음으로 사는 것은 갈 바를 알지 못하는 삶을 의미한다. 그런 삶은 당신을 인도하는 분을 알고 사랑하는 삶을 뜻한다"라고 글을 썼다. 당신은 한치 앞을 볼 수 없는 상황에서 하나님의 인도하심을 신뢰할 수밖에 없었던 경험을 해본 적이 있는가? 당신은 그 상황을 어떻게 헤쳐 나갔는가? 그것은 당신의 믿음에 어떤 영향을 끼쳤는가?

2. 인생에서 믿음으로 사는 것이 가장 어렵게 느껴지는 부분은 어떤 부분인가? 그 부분에서 당신의 믿음을 지탱하기 위해 어떻게 성경을 사용할 수 있는가?

3. 히브리서 저자는 우리에게 다음과 같이 말하고 있다. "믿음은 바라는 것들의 실상이요 보지 못하는 것들의 증거니"(히 11:1) 당신은 이 말이 무슨 뜻이라고 생각하는가? 이 말을 당신의 매일의 삶에 어떻게 적용하고 있는가?

4. 또 다른 곳에서 히브리서 저자는 "믿음이 없이는 기쁘시게 못

하나니"(히 11:6)라고 말한다. 왜 믿음이 하나님에게 그렇게 중요한가? 당신은 이 말씀대로 믿음을 더 많이 가지면 하나님이 그 사람을 더 기뻐한다는 뜻이라고 생각하는가?

5. 제7장에서 마이크는 "사랑하는 사람들과의 관계와 마찬가지로 하나님과 우리의 관계도 절대로 정체되어 있어서는 안 된다"라고 말한다. 당신이 하나님과의 관계를 더 깊게 하고, 더 생동감 있게 할 수 있는 방법들은 구체적으로 어떤 것인가?

8 고난 관리

1. 고난과 고통을 좋아하는 사람은 아무도 없다. 그러나 고난과 고통이 없는 인생은 없다. 당신은 어떻게 인생의 고난을 성장의 기회로 삼겠는가? 성경에서 배우는 교훈 중 고난에 대한 당신의 관점을 바꾸어주는 것은 무엇인가?

2. 제8장에서 마이크는 "믿음의 선진들처럼 우리는 문제와 역경 중에서도 오히려 은혜를 누리는 삶을 삶으로써 우리 주변의 모든 사람들에게 그리스도를 증거할 수 있어야 한다"라고 말한다. 당신에게는 고난의 때에 믿음과 용기로 감동을 준 사람이 있는가? 당신은 고난의 때에 믿음으로 의연함을 보였던 때가 있는가?

3. 고난의 때에 끈기를, 그리고 위기의 때에 용기를 가장 분명하게 당신에게 말해주는 성경인물은 누구인가? 당신은 그 성경 인물에서 당신의 삶에 적용할 수 있는 어떤 것을 배울 수 있는가?

4. "(주께서) 내게 이르시기를 내 은혜가 네게 족하도다 이는 내 능력이 약한 데서 온전하여짐이라 하신지라 … 이는 내가 약할 그

때에 곧 강함이니라"(고후 12:9~10) 바울은 무슨 뜻으로 "약할 그 때에 곧 강함이니라"고 말했는가? 그는 왜 그가 약할 때 강하다고 말했는가?

5. 바울은 그의 제자 디모데에게 보낸 서신에서 다음과 같이 쓰고 있다. "하나님이 우리에게 주신 것은 두려워하는 마음이 아니요 오직 능력과 사랑과 근신하는 마음이니"(딤후 1:7) 능력, 사랑, 근신하는 마음, 이 세 가지 요소들이 두려워하는 상황에서 어떻게 서로를 보완할 수 있는가? 우리는 어떻게 두려움을 능력, 사랑, 근신하는 마음으로 바꿀 수 있는가?

9 앞으로, 앞으로…

1. 마이크는 "성경은 탄성을 가진 책이며 앞으로 나아가도록 하는 책이다. 성경에는 계속, 전진, 성숙, 성장, 증가, 실행 등과 같은 말들이 수백 번도 넘게 등장한다"라고 말했다. 때로 사람들이 진보를 이루지 못하도록 방해하는 것들은 무엇인가? 성경 읽기 외에 당신이 인생에서 성장을 이룰 수 있는 다른 방법들에는 어떤 것이 있는가?

2. 하나님은 분명한 이유가 있어서 각 사람을 지으시고 이 땅에 보내신다. 그것은 사명을 이루도록 하기 위해서이다. 시편 저자는 "여호와께서 내게 관계된 것을 완전케 하실지라"(시 138:8)고 기록하고 있다. 당신은 당신의 존재목적을 분명하게 알고 있는가? 만약 그렇지 않다면 어떻게 당신의 존재목적에 대해 분명하게 알 수 있는가? 이를 위해 성경은 당신을 어떻게 도와 줄 수 있는가?

3. 어떤 크리스천은 탈진하게 되는 반면, 어떤 크리스천은 신앙에 더욱 불붙게 된다. 그 원인은 무엇인가? "진실되고 열정적인 크리스천"과 "교회에 다니는 사람"과의 차이점은 무엇인가?

4. 많은 사람이 열정과 헌신된 자세로 크리스천의 삶을 출발하지만 시간이 흐름에 따라 그런 열정과 헌신이 사라진다. 마이크가 말한 바와 같이 "크리스천의 삶은 우리에게 많은 것을 요구하기 때문에 포기하는 사람들이 많다. 크리스천으로서의 성장은 대개 '이보 전진을 위한 일보 후퇴'"일 때가 많다. 왜 사람들이 신앙을 버리거나 또는 정체되는가? 어떻게 당신은 장기전에서도 당신의 믿음을 강하게 지킬 수 있는가?

5. 히브리서 저자는 "때가 오래므로 너희가 마땅히 선생이 될 터인데 너희가 다시 하나님의 말씀의 초보가 무엇인지 누구에게 가르침을 받아야 할 것이니 젖이나 먹고 단단한 식물을 못 먹을 자가 되었도다"(히 5:12)라고 말한다. "초보"의 단계에 멈추지 않게 해줄 수 있는 방법은 어떤 것들이 있겠는가? 어떻게 당신은 젖을 먹는 단계에서 단단한 식물을 먹을 수 있는 단계로 넘어갈 수 있는가? 어떻게 당신은 다른 사람들도 이렇게 하도록 도울 수 있는가?

10 보화 캐내기

1. 다행히도 우리는 성경을 우리 스스로 이해해야 하는 상황에 내버려지지는 않았다. 예수님은 그가 떠나시면 우리에게 상담자, 즉 보혜사를 보내주시겠다고 약속했다. "진리의 성령이 오시면 그가 너희를 모든 진리 가운데로 인도하시리니"(요 16:13) 어떻게 우리는 우리를 진리 가운데로 인도해주는 성령의 능력을 활용할 수가 있는가? 우리는 성령이 우리를 돕고 있는지 그렇지 않은지를 어떻게 알 수 있는가?

2. 제10장에서는 우리가 어떤 상황에 있든지 하나님은 말씀을 통해 우리를 만나주신다고 분명하게 말해주고 있다. 우리는 부자일 수도 있고 가난한 사람일 수도 있다. 또한 고등교육을 받은 사람일 수도 있고 교육을 받지 못한 사람일 수도 있으며, 신자가 된지 얼마 안 된 사람일 수도 있고 믿음의 베테랑일 수도 있다. 그러나 이런 것들은 문제가 되지 않는다. 하나님은 누구에게나 말씀하신다. 하나님은 성경을 통해 당신에게 어떤 방법으로 말하는가? 당신은 당신이 알고 있는 사람들 중에 여러 면에서 서로 무척 다르지만 성경을 통해 배우는 사람이 있는가? 하나님은 어떻게 이렇게 일하실 수 있는가?

3. 마이크는 성경에 있는 모든 세부적인 것들, 그리고 모든 크고 작은 것들에 대해 논쟁하는 것은 좋지 않다고 말하고 있다. 그 이유는 어떤 사람들은 사소한 것들에 매여 중요한 것을 놓치기 때문이다. 그저 끝없는 논쟁만 하지 않고 당신이 믿고 있는 신앙이 어떤 것인지 알기 위해 어떻게 균형 있고 바람직한 토론을 할 수 있는가?

4. 예수님은 제자들에게 "진실로 너희에게 이르노니 너희가 돌이켜 어린아이들과 같이 되지 아니하면 결단코 천국에 들어가지 못하리라"(마 18:3)고 말했다. 이 말은 무슨 뜻인가? 어떻게 우리는 어린아이와 같이 될 수 있는가?

5. 제10장에는 당신이 성경을 즐기고 더 잘 이해하게 해주는 몇 가지 실제적인 제안들이 나와 있다. 당신이 성경에 대해 더 깊이 이해할 수 있도록, 그리고 성경 지식을 더 넓힐 수 있도록 도움을 주는 어떤 것들이 있는가? 어떻게 해야 성경을 이해하는 당신의 이해의 폭이 해가 갈수록 깊어지고 넓어질 수 있는가?

참고문헌

Chapter One

1. John Kass, "waiter's Pen Pal Just a Cool Guy Who Runs a Country," Chicago Tribune, July 23, 2001.

2. Jefferson City News Tribune, April 25, 2001. This story was retold by Drew Zahn in Leadership Journal.

Chapter Two

1. Quoted from CBS news feature "Abuse Scandal Dogs U.S. Catholics." See www.CBSNews.com, January 6, 2004 (CBS/AP)

2. Jeremy Reynalds, "Shamanistic Influences in Korean Pentecostal Christianity: An Analysis,"

www.rickross.com/reference/yoidoyonggi/yoido1.html.

3. Data from the U.S. Census Bureau Web site:

www.census.gov/cgi-bin/ipc/popclockw. January 30, 2004 at 7:55:58 GMT.

Chapter Three

1. Stephen Covey, Seven Habits of Highly Effective People (New York: Simon & Schuster, 1989), 24

2. Ibid., 32.

3. Bill Bright, "Untapped Spiritual Resources," a Campus Crusade publication. www.PreachingToday.com, contributed by Ernest Canell.

4. "Dear Abby" story cited on www.SErmoncentral.com, contributed by Ernest Canell.

Chapter Four

1. Mark Buchanan, Your God Is Too Safe (Sisters, Ore.: Multnomah Publishers, 2001), 202.

2. Barna Research Group study results Quoted in the Southeast Outlook, November 22, 200. Researchers interviewed 1,004 adults chosen to reflect the United States' regional and ethnic makeup, with a sampling error of plus/minus 3 percent.

3. Robert Coles quoted in Christianity Today, February 6, 1987, 20.

4. The Newton Web site Ask a Scientist, sponsored by the Division of Educational Programs at Argonne National Laboratory, http://newton.dep.anl.gov/aasquesv.htm.

5. Tim Quinn, "God, Our Ultimate Troubleshooter," www.PreachingToday.com.

Chapter Five

1. Story cited in an Associated Press article, March 24, 1994, and referenced in Leadership Journal, vol. 15, no. 3.

2. Gerald and Geneva Clark, quoted in Married for Life (Colorado Springs, Colo.' Honor Books, 2004), 48~49.

3. Laura Pappano, The Connection Gap: Why Americans Feel So Alone (New Brunswick, N.J.: Rutgers University Press, 2001) 8.

4. William R. White, Stories for the Journey (Grand Rapids, Mich.: Augsburg Press, 1988), 47~49.

Chapter Six

1. Daniel Taylor, Tell Me a Story (St. Paul, Minn.: Bog Walk Press, 2001)

2. Frederick Buechner, Telling the Truth (San Francisco: HarperSanFrancisco, 1985), 23.

3. Kurt Bruner, The Divine Drama (Wheaton, Ill.: Tyndale House, 2001), 19, 22.

4. Cited in Timothy George, "Big Picture Faith," Christianity Today, October 23, 2000). Vol. 44. no. 12, P. 88.

Chapter Eight

1. John MacArthur, The Freedom and Power of Forgiveness, (Wheaton, Ill.: Crossway Books, 1998)

2. Frederick C. Grant, quoted on WorldofQuotes.com www.worldofquotes.com/topic/Christianity/7/.

3. Jill Lieber, "Teen Surfer Riding Wave of Amazing Grace," USA Today, March 19, 2004.

Chapter Nine

1. Elisabeth Elliot, "The Liberty of Obedience," Christianity Today, April 8, 1985. Vol. 31, no. 14.

2. Haddon Robinson, "The Wisdom of Small Creatures," www.PreachingToday.com.

Chapter Ten

1. George Barna, What Americans Believe (Ventura, Calif.: Regal Books, 2001), 31.

2. Ibid., 285~286.

3. D. L. Moody quoted in Christian History, vol. 5, no. 25.

4. William Law, "Christian Perfection," Christianity Today, March 30, 1987. Vol. 33, no. 13, paraphrased by Marvin D. Hinten.

역자 소개

서진희

미국 Texas Tech University 및 Monterey College 영어과정을 수료, 민병철어학원 영어프로그램 연구원, 미국 Maryland 주 소재 바이블 휄로우십 소속 선교사로 Maryland State University 대학, Virginia 주 소재 George Mason University 대학의 현지 학생들을 대상으로 총 7년간 활동.

현재는 기독교전문번역가로 활동하고 있으며, 역서로는 어린이해외번역부문 제21회 한국기독교출판문화상 최우수상 수상작인 '나는 하나님의 성품의 아이가 되고 싶어요'를 번역. 2005년 Bestseller인 '성공한 남자들이 만난 하나님', '절대적인 믿음으로 성공한 여자들'이 있으며, 그 외에 '셀교회와 자연적 교회 성장', '목회자 충격보고서', '난관을 뚫는 기도', '결혼을 준비하는 신부', '예수와 인성이론', '경영자의 영향력' 등 다수의 번역서들이 있다.

전병호

총신대학교 신학과를 졸업하고 도미하여 오하이오대학교(Ohio University) 대학원에서 사회학을 전공하였고, 아주사대학교(Azusa Pacific University) 신학대학원(Haggard School of Theology)에서 M. Div과정을 이수했다.